CB139605

A: Antônio.
Junho de 2010
Manito.

AS PAIXÕES E OS INTERESSES

Albert O. Hirschman

AS PAIXÕES E OS INTERESSES

Tradução de
LUIZ GUILHERME B. CHAVES
REGINA BHERING

EDITORA RECORD
RIO DE JANEIRO • SÃO PAULO
2002

CIP-Brasil. Catalogação-na-fonte
Sindicato Nacional dos Editores de Livros, RJ.

Hirschman, Albert O.
H57p As paixões e os interesses / Albert Hirschman; tradução de Luiz Guilherme Chaves e Regina Bhering. – Rio de Janeiro: Record, 2002.

Tradução de: The passions and the interests: political arguments for capitalism before its triumph
ISBN 85-01-05784-3

1. Capitalismo – História. 2. Vida intelectual – História. I. Título.

CDD – 330.122
02-0836 CDU – 330.342.14

Título original em inglês:
THE PASSIONS AND THE INTERESTS: Political Arguments for Capitalism Before its Triumph

---

Impresso no Brasil

ISBN 85-01-05784-3

PEDIDOS PELO REEMBOLSO POSTAL
Caixa Postal 23.052
Rio de Janeiro, RJ – 20922-970

EDITORA AFILIADA

Et il est heureux pour les hommes d'être dans une situation où, pendant que leurs passions leur inspirent la pensée d'être méchants, ils ont pourtant intérêt de ne pas l'être.

Montesquieu, *De l'esprit des lois*

(É uma felicidade para os homens encontrarem-se numa situação em que, ao mesmo tempo em que as suas paixões inspiram-lhes a idéia de serem maus, eles têm interesse em não sê-lo.)

SUMÁRIO

PREFÁCIO

ALBERT HIRSCHMAN é um dos grandes intelectuais do nosso tempo. Suas obras transformaram a nossa compreensão a respeito do desenvolvimento econômico, das instituições sociais, do comportamento humano, e da natureza e das implicações das nossas identidades, lealdades e compromissos. Descrever este livro como uma das mais admiráveis contribuições de Hirschman é por conseguinte uma afirmação muito forte. E mais ainda porque este é um livro — na verdade uma pequena monografia — sobre a história do pensamento econômico, um assunto que recebe muito pouca atenção e ainda menos respeito hoje em dia, e que quase desapareceu do currículo de economia na maioria das principais universidades do mundo. *As paixões e os interesses* não tem a urgência política que uma contribuição para as decisões públicas pode ter (como evidentemente acontece com *The Strategy of Economic Development*, de Hirschman), nem o imediatismo que as exigências da razão prática produzem como *Saída, voz e lealdade* (*Exit, Voice, and Loyalty*) retratou soberbamente. O que há então de tão especial neste livro?

INTERESSES INÓCUOS E PAIXÕES NOCIVAS

A resposta não está apenas no reconhecimento de que Hirschman nos faz ver os fundamentos ideológicos do capitalismo de uma nova maneira, mas também no fato notável de que essa novidade é derivada de idéias de mais de duzentos anos. A hipótese básica —

a articulação e o desenvolvimento que Hirschman investiga — defende o argumento de que o capitalismo se baseia na crença de que "ele despertava algumas tendências benignas do homem à custa de algumas malignas". Essa maneira de ver a questão pode parecer muito distante hoje em dia, e é, dessa forma, particularmente impressionante que essa tese fosse tão poderosamente (e dentro da sua própria lógica, tão convincentemente) desenvolvida e advogada pelos primeiros defensores do capitalismo motivado. O sucesso do capitalismo no mundo contemporâneo foi tão completo e tão plenamente reconhecido, e a identificação das suas virtudes e vícios está neste momento tão padronizada, que é difícil entender que a origem da primeira defesa intelectual do sistema está nas idéias há muito removidas do modo pelo qual as questões são vistas hoje em dia.

A idéia básica é de uma simplicidade irresistível. Para utilizar uma analogia (numa forma hollywoodiana clássica), imagine uma situação na qual você está sendo perseguido por fanáticos assassinos que detestam alguma coisa a seu respeito — a cor da sua pele, o jeito do seu nariz, a natureza da sua fé, ou qualquer outra coisa. No momento em que eles apontam suas armas em sua direção, você atira algum dinheiro à sua volta enquanto foge, e cada um deles se abaixa com o sério propósito de recolher individualmente as notas. Enquanto foge, você pode ficar impressionado com a sua própria sorte pelo fato de os bandidos terem um interesse próprio tão benigno, mas o teórico geral também observaria que este é apenas um exemplo — um exemplo grosseiro — do fenômeno geral da paixão violenta sendo subjugada pelo interesse inócuo em adquirir riqueza. O aplauso é para o capitalismo da maneira que é visto pelos seus defensores pioneiros, estudado nesta penetrante monografia.

O CONTRASTE COM A ECONOMIA INFORMACIONAL E OS INCENTIVOS

Os fundamentos comportamentais do capitalismo, naturalmente, continuam a atrair a atenção, e a procura pelo interesse próprio ainda ocupa uma posição central nas teorias a respeito dos mecanismos e sucessos do capitalismo. Mas, nessas teorias recentes, é concedido aos interesses um papel bastante diferente — e muito mais "positivo" — na promoção de uma alocação eficiente de recursos através da *economia informacional*, assim como do funcionamento regular dos *incentivos*, em vez do papel negativo de bloquear as paixões nocivas.

O argumento de Montesquieu, numa passagem que inspirou Hirschman a empreender a sua pesquisa histórica (como ele registra no seu novo prefácio), dizia respeito à sua crença de que mesmo que as paixões possam levar as pessoas a serem "más", "elas têm, no entanto, um *interesse* em não sê-lo". James Steuart elogiava os "interesses" como sendo "o freio mais eficaz" contra "a loucura do despotismo". Isso aponta numa direção diferente da análise motivacional nas teorias contemporâneas da economia de mercado e do capitalismo desenfreado.

CONEXÕES CONTEMPORÂNEAS

O interesse desta obra não está, no entanto, apenas no esclarecimento histórico que ela proporciona. Existem várias conexões com as preocupações atuais. Dado o terrível impacto das paixões repugnantes do mundo contemporâneo, é certamente importante perguntar se o capitalismo e o instinto aquisitivo podem ser utilizados para livrar as pessoas do seu comportamento nocivo. Não foram apenas Montesquieu, Steuart e alguns dos seus contemporâneos que viram o interesse próprio como um grande salvador; vários escritores posteriormente (muitas vezes sem tomar conhecimento da literatura anterior) também consideraram o interesse próprio como uma ótima maneira de se evitar o impacto das paixões malignas.

Como assinala Hirschman, até mesmo Keynes observou que era "melhor que um homem tiranizasse o seu saldo bancário do que os seus concidadãos", exprimindo a esperança de que o primeiro pudesse servir como "uma alternativa" para o último. Hirschman pode ser um pouco injusto com Keynes quando observa que após "a história que foi contada, é quase doloroso ver Keynes recorrer, na sua defesa caracteristicamente pobre do capitalismo, ao mesmo argumento utilizado pelo Dr. Johnson e outras figuras do século XVIII". O argumento certamente ainda permanece de algum interesse, apesar de não ser inovador (como nós sabemos agora através de Hirschman), e a possível ignorância de Keynes a respeito da literatura anterior não diminui a importância da sua pesquisa.

Se a conexão proposta funcionasse, certamente forneceria para o capitalismo uma justificativa substancial completamente diferente da que vem pela Teoria do Equilíbrio Geral e estruturas relacionadas, com a sua ênfase nas preferências "dadas" e na separação das preocupações econômicas de outras motivações. Hirschman, na verdade, seguiu admiravelmente essa linha de raciocínio até mais além na sua *Rival Views of Market Society*. Naturalmente é difícil ver que a promoção da lucratividade e da mercantilização pode ser um método *geral* de reprimir o abuso fundamentalista e as paixões nocivas (por exemplo, não é provável que qualquer solução imediata para os problemas na Bósnia ou Ruanda ou Burundi possa ser encontrada através do encorajamento do interesse próprio econômico), mas existe uma conexão possível que não pode ser totalmente descartada, principalmente a longo prazo.

As relações empíricas estão longe de ser simples e são claramente contingentes em relação às circunstâncias. Existe algum sentido no pensamento de que a procura interessada pela negociação e pelo comércio — acompanhada por documentos de vendas — em geral não combina bem com a procura passional pelos inimigos percebidos — acompanhada por machetes e outras armas de assalto. E ainda assim, dadas as circunstâncias apropriadas, uma máfia pode combinar com eficácia o enriquecimento com violência e brutalidade. As conexões empíricas são claramente complexas, e as características circunstancialmente condicionais requerem um exame mais detalhado.

O INTERESSE PRÓPRIO COMO A ÚNICA MOTIVAÇÃO

Outra conexão contemporânea diz respeito à natureza efêmera dos pressupostos gerais de comportamento na teoria econômica. O fato de que uma teoria que parecia tão eficaz e natural aos primeiros defensores do capitalismo pareça agora tão remota — até mesmo estranha — nos faz hesitar com relação aos pressupostos comportamentais que parecem eficazes e naturais para os teóricos contemporâneos. A teoria econômica dominante utiliza energicamente o pressuposto da procura vigorosa do interesse próprio. Alguns resultados específicos, incluindo os principais teoremas de Arrow-Debreu sobre a eficiência e a otimalidade de Pareto do equilíbrio competitivo, estão inteiramente baseados nas "externalidades" (incluindo o altruísmo) excludentes, com exceção de algumas formas muito restritas. Mesmo quando o altruísmo é admitido (como, por exemplo, no modelo de alocação racional de Gary Becker), supõe-se que as ações altruístas são empreendidas porque promovem o interesse pessoal de cada um; existem ganhos pessoais para o próprio bem-estar do altruísta, graças à simpatia pelos outros.

Nenhuma função é dada a nenhum senso de compromisso com relação a se comportar bem ou a buscar algum objetivo não egoísta. Tudo isso deixa de fora, por um lado, os compromissos sociais que Kant analisou na *Crítica da razão prática* e que Adam Smith discutiu na *Teoria dos sentimentos morais*.

Como Hirschman observou em outro lugar, há muita evidência contra tais teorias "parcimoniosas", e alguma indicação de que o equilíbrio entre os nossos interesses particulares e os interesses públicos podem ter variações padronizadas — possivelmente cíclicas — com o passar do tempo. A sua obra *Shifting Involvements* delineia uma análise da riqueza desse comportamento econômico e social. Essa não é a ocasião de levar essas questões substantivas mais adiante, mas elas têm relação com outras obras de Hirschman. No entanto, a extinção de uma antiga teoria sobre os fundamentos comportamentais do capitalismo (discutida neste livro), que eram tão vigorosamente defendidas então quanto os atuais pressupostos são defendidos agora, recomenda uma cautela geral acerca dos modismos que governam o pensamento dominante — muitas vezes efêmeros.

O PAPEL DA CULTURA

O fato é que, assim que a teoria econômica dominante contemporânea se consolidou em torno do pressuposto da simples busca do interesse próprio, surgiram no mundo prático dos negócios e da política algumas declarações relacionadas com a cultura acerca dos complementos motivacionais do capitalismo. Por exemplo, houve enérgicas alegações na Ásia oriental acerca da contribuição do respeito pela "ordem", "disciplina" e "lealdade" (segundo se afirma concretizados nos "valores asiáticos") na promoção do sucesso capitalista. Explanações que começaram com o Japão foram estendidas aos quatro "tigres", e então para a crescente corrente da moda das economias em desenvolvimento na Ásia. As recentes atribuições à ética confuciana, à cultura samurai e a outras variações motivacionais fizeram a "ética protestante" de Max Weber parecer-se com os devaneios hesitantes de um atleta aposentado.

Alguns dos novos teóricos também vêem a necessidade da ordem como exigindo governos autoritários (e talvez a suspensão dos direitos humanos), e esse modo de pensar faz surgir prontamente a comparação e o contraste com as idéias sobre as quais Hirschman escreve. Por exemplo, a crítica explícita de Steuart da "loucura do despotismo" fornece um ótimo ponto de partida para um debate contemporâneo. Enquanto a obra de Hirschman se concentra inteiramente no pensamento europeu, o seu tema é, neste exato momento, completamente tópico naquela parte do mundo que está tentando estabelecer-se como o centro do novo capitalismo.

Pessoalmente tenho um grande ceticismo em relação às teorias que louvam as maravilhas dos "valores asiáticos". Elas são muitas vezes baseadas em generalizações mal pesquisadas e freqüentemente proferidas por porta-vozes governamentais rebatendo acusações de autoritarismo e violações de direitos humanos (como aconteceu de forma espetacular na Conferência Mundial sobre Direitos Humanos em Viena em 1993). Mas o objeto geral dos antecedentes culturais de comportamento, que está ao lado das idéias das tradições intelectuais européias estudadas por Hirschman, torna este um campo passível de uma séria investigação (mesmo depois que os argumentos mais veementes a respeito dos "valores asiáticos" se mostram inadequadamente fundamentados). A natureza e o alcance do "Iluminismo europeu" e as suas alegações generalizantes em benefício da humanidade — outro assunto discutido por Hirschman — estão também diretamente envolvidos. Esse é um território rico, no qual muitos dos que não são economistas — historiadores, literatos, antropólogos, sociólogos, psicólogos e outros — teriam grande interesse.

De modo geral, os economistas escrevem uns para os outros, mas as obras de Hirschman são especiais na atração que exercem sobre as fronteiras disciplinares. Esta obra, como muitos dos seus outros livros, trata de problemas que são do interesse dos mais variados campos, e esse fato, combinado com os argumentos cativantes de Hirschman e o seu estilo lúcido, faz com que este seja um livro de um apelo muito amplo. Por exemplo, quando comenta a respeito do argumento de que o capitalismo "inibe o desenvolvimento da 'personalidade humana completa'" e observa o fato altamente relevante de que isso é exatamente "o que o capitalismo deveria alcançar" (de acordo com os autores estudados aqui), Hirschman apresenta uma análise de interesse geral para várias disciplinas além da economia.

REALIZAÇÕES NÃO INTENCIONAIS E INTENÇÕES NÃO REALIZADAS

O tema básico deste livro também se liga a um interesse comum no conhecimento de si mesmo: como exatamente nós chegamos onde estamos? O esclarecimento que obtemos da sua obra é, de certa forma, comparável a uma descoberta pessoal — como relembrar nossos pensamentos esquecidos da tenra infância, quando tínhamos acabado de decidir não ser um maquinista de locomotiva afinal, mas alguma outra coisa que pudesse ter uma vaga relação com o que realmente aconteceu. As idéias relembradas aqui tiveram um grande impacto na justificativa do sistema recém-desenvolvido do capitalismo (invocando o poder do benéfico interesse próprio), e mesmo que as coisas não se realizem da maneira prevista, as idéias influenciaram o que aconteceu. Essa é a realidade essencial de um mundo imaginado que ajudou a criar o mundo real no qual vivemos.

Mesmo à parte do interesse especial do tema deste livro, existe um grande interesse geral na relação entre as expectativas que apóiam e sustentam mudanças poderosas e profundas sem realmente levar à realização dessas expectativas. Em contraste com o interesse de Smith e Menger e a fascinação de Hayek com "resultados não intencionais mas realizados", Hirschman mostra o poder e a influência dos "resultados intencionais mas não realizados". O último pode ser menos observável do que o primeiro (já que os resultados não realizados não estão lá para serem observados), mas a influência daquelas expectativas não realizadas sobrevivem poderosamente hoje.

Na verdade, eu afirmaria que o de Hirschman é o mais interessante dos dois contrastes. O fato de que alguns resultados das nossas ações são involuntários pode ser ou não muito notável num mundo interdependente. As nossas ações tendem a ter muitos resultados diferentes, sendo que apenas alguns deles podem ter sido do nosso interesse. Para tomar um exemplo comum, quando saio de minha casa para comprar o jornal, sou visto por pessoas que me são desconhecidas. Mas deixar que pessoas desconhecidas me vejam pode não ser uma razão para que eu saia (eu apenas queria comprar o jornal); é um resultado não intencional mas realizado. O grande espalhafato em torno dos "resultados não intencionais das ações" pode ser um tanto artificial em muitos casos.

Em contraste, os resultados intencionais eram evidentemente importantes nas ações que foram empreendidas — tendo como objetivo precisamente realizar aquelas intenções. Assim, o fracasso daqueles resultados intencionais a serem realizados é um afastamento daquilo que era esperado, e é dessa forma muito mais interessante. Ao mesmo tempo que o contraste que Hirschman analisa pode parecer uma variação do antigo acerca dos "resultados não intencionais", ele tem de fato um interesse real que lhe é próprio, e na verdade pode ser fundamentalmente mais extraordinário e atraente do que o pretenso enigma tornado famoso por Smith, Menger, Hayek e outros.

UMA ÚLTIMA PALAVRA

Neste prefácio eu tentei apresentar algumas razões para a afirmação de que este livro não é apenas uma importante contribuição intelectual, mas também está entre as melhores obras do próprio Hirschman. O seu interesse é contemporâneo bem como histórico, e seu público inclui pessoas de muitas disciplinas, não apenas economia ou história econômica. É uma medida das impressionantes conquistas de Hirschman o fato de que os padrões mais rígidos pelos quais este livro pode ser fundamentalmente julgado são aqueles estabelecidos pelas suas próprias obras. Estes padrões exigentes, ele alcança.

Amartya Sen
Julho de 1996

PREFÁCIO À EDIÇÃO DE VIGÉSIMO ANIVERSÁRIO

ENTRE OS meus livros, *As paixões e os interesses* manteve por muito tempo uma posição incomparável. Assim como acontece com muitos autores nas ciências sociais, e como reconheci numa extensa entrevista há não muito tempo, meus livros foram muitas vezes escritos de modo a provar que alguém mais estava — ou estivera — errado. *The Strategy of Economic Development* serviu em grande parte para contradizer várias teorias do crescimento equilibrado. Da mesma forma, *Saída, voz e lealdade* deve muito ao entusiasmo de descobrir argumentos contra o axioma de que a competição (saída) é o remédio infalível e exclusivo contra todos os males da organização econômica. Mas as coisas aconteceram de forma bem diferente em relação a *As paixões e os interesses*. Este livro não foi escrito em oposição a alguém ou a qualquer tradição intelectual em particular. Uma vez que não adota nem se opõe a nenhum conjunto de pensamento existente, ele tem a qualidade especial de permanecer livre e de se desenvolver de maneira livre e independente.

Então, no meu último livro, chamei a atenção para uma característica comum às minhas últimas obras, a "propensão à própria subversão". Aqui falo a respeito da minha tendência para mostrar a *mim mesmo* (em vez de aos outros) que eu estava errado ou pelo menos incompleto. Por exemplo, além da dinâmica especial de uma industrialização que segue continuamente por meio de vários encadeamentos, como expliquei em *The Strategy of Economic Development*, explorei posteriormente a síndrome contrária, abortiva, ou "que impede o progresso" que pode afetar os países recém-industrializados. Da mesma forma, em *Saída, voz e lealdade*, tinha originalmente me concentrado nas muitas situações onde qualquer utilização enérgica da voz é prejudicada pela capacidade de sair. Mas posteriormente fiquei fascinado por uma importante ocasião histórica onde saída e voz *se juntavam* para derrubar uma instituição — a República Democrática Alemã no curso dos acontecimentos de 1989.

Aqui novamente, entretanto, essa tendência em direção à própria subversão não se manifestou com respeito à tese que apresentei em *As paixões e os interesses*. Em vez disso, expus novamente e ampliei a questão básica deste livro em duas contribuições subseqüentes: em "O Conceito do Interesse: do Eufemismo à Tautologia" e especialmente na minha palestra sobre Marc Bloch, "Visões Rivais da Sociedade de Mercado".* Em ambos os artigos, as idéias do livro foram mais ilustradas e estendidas aos séculos XIX e XX.

Dada a obstinação com a qual busquei o meu tema básico, pode ser conveniente revelar algo acerca da sua origem. Lembro-me distintamente de que fui atingido fortemente, muitos anos atrás, pela frase de Montesquieu em *L'Esprit des lois*, que finalmente escolhi como epígrafe: "É uma felicidade para os homens encontrarem-se numa situação em que, ao mesmo tempo que as suas *paixões* inspiram-lhes a idéia de serem maus (*méchants*), eles têm *interesse* em não sê-lo." Alguns anos depois, me deparei com a proposição intimamente relacionada e mais "institucional" de Sir James Steuart em *Inquiry into the Principles of Political Economy*, de acordo com a qual "o complicado sistema da economia moderna (i.e., os interesses)" era necessariamente o "mais eficaz freio jamais inventado contra a loucura do despotismo". Aqui encontra-

*Ambos reeditados em meu *Rival Views of Market Society and Other Recent Essays* (Cambridge, Mass.: Harvard University Press, 1992).

va-se um notável caso de convergência do Iluminismo francês e do escocês, e eu decidi perseguir essas idéias acerca da conexão da economia e da política na sua toca. Acabou por se mostrar uma história complexa e tortuosa. O seu caráter rico e ricamente irônico me convenceu de que tinha atingido a "minha" verdade, de modo que nunca cogitei em revisá-la.

Albert O. Hirschman
Abril de 1996

AGRADECIMENTOS

ESCREVI um primeiro rascunho deste livro enquanto era professor visitante no Instituto de Estudos Avançados, no meu ano sabático quando de licença da Universidade de Harvard. No curso do ano subseqüente, durante o qual o manuscrito teve que ser deixado de lado, fui convidado a ingressar no Instituto em caráter permanente, e aceitei. Depois disso uma grande quantidade de reescritos e inclusões foram alcançados em 1974-75 e apenas uma outra parte bastante limitada em 1975-76. Tenho plena consciência de que o meu argumento poderia ser consideravelmente expandido, favorecido, qualificado, concentrado e adornado, mas em março deste ano senti que ele tinha atingido um nível tolerável de conclusão e estava ansioso para expor a minha criação, meus erros e tudo o mais ao público. Recordo-me de um ministro das Finanças colombiano nos anos 50 que era bastante impulsivo em publicar decretos e que me explicou, quando aconselhei prudência, que ele não tinha os fundos necessários para empregar uma grande equipe de pesquisa: "Se esse decreto realmente atingir alguns grupos", diria ele, "eles farão para mim a pesquisa depois que o decreto for rejeitado, e se eles me convencerem publicarei outro decreto!" É com esse espírito que estou publicando o meu livro, exceto pelo fato de que não posso prometer a quaisquer grupos ou críticos atingidos escrever outro livro no caso de concordar com eles — mas eu duvido que eles queiram que eu faça isso.

Falando de críticos em potencial, devo uma palavra especial de escusas a J.G.A. Pocock cujo *The Machiavellian Moment* (Princeton University Press, 1975) aborda repetidamente tópicos estreitamente relacionados com os meus próprios temas. Embora eu tenha aproveitado em grande parte vários artigos do professor Pocock que foram posteriormente incorporados ao seu livro monumental, os principais argumentos do meu livro tomaram forma antes que eu tivesse a oportunidade de ler o seu. Por essa razão o meu tratamento não reflete tão exatamente um encontro com o seu ponto de vista quanto seria desejável.

Várias pessoas, nenhuma das quais deve ser considerada responsável pelo resultado, ajudaram-me com conselhos ou encorajamento. O intercâmbio de idéias e informações entre cientistas sociais e historiadores no Instituto foi imensamente útil; aproveitei principalmente as conversas com David Bien e Pierre Bourdieu em 1972-73 e com Quentin Skinner e Donald Winch em 1974-75. As reações de Judith Shklar e Michael Walzer ao meu primeiro rascunho em 1973 foram muito importantes para mim. Judith Tendler criticou esse rascunho, num considerável detalhamento, com a sua perspicácia habitual. Finalmente, Sanford Thatcher da Princeton University Press editou e também processou o manuscrito com notável competência, rapidez e bom humor.

Princeton, Nova Jersey
Maio de 1976

INTRODUÇÃO

ESTE ensaio teve origem na incapacidade da ciência social contemporânea de esclarecer as conseqüências políticas do crescimento econômico e, talvez ainda mais, os correlatos políticos do crescimento econômico freqüentemente tão calamitosos, independentemente desse crescimento se dar sob os auspícios capitalistas, socialistas, ou mistos. Ponderações acerca de tais conexões, suspeitei, devem ter sido freqüentes numa época mais anterior da expansão econômica, especificamente os séculos XVII e XVIII. Com a inexistência das "disciplinas" de economia e ciência política à época, não existiam fronteiras interdisciplinares a serem atravessadas. Como conseqüência, os filósofos e economistas políticos podiam vaguear livremente e especular sem inibições acerca das prováveis conseqüências de, digamos, uma expansão comercial pela paz, ou de um crescimento industrial pela liberdade. Parecia valer a pena um retorno aos seus pensamentos e especulações, ao menos por causa da nossa própria pobreza intelectual induzida pela especialização neste campo.

Tal era a motivação originária do presente ensaio, a idéia que me levou a me aventurar pela estrutura do pensamento social dos séculos XVII e XVIII. Dada a natureza rica e complexa dessa estrutura, não é de se admirar que eu tenha surgido com algo bem mais amplo e ainda mais ambicioso do que eu tinha vindo procurar. De fato, as próprias respostas às perguntas com as quais comecei forneceram, como um intrigante subproduto, uma nova abordagem para a interpretação do "espírito" do capitalismo e do seu surgimento. Pode ser útil aqui dar as linhas gerais desta abordagem, reservando uma apresentação mais completa para a última parte deste estudo.

Uma vasta literatura contrastou o ideal aristocrático e heróico da era feudal e do Renascimento com a mentalidade burguesa e a ética protestante da era posterior. O declínio de uma ética e a ascensão de outra foram exaustivamente examinados e apresentados precisamente dessa forma: como dois processos históricos distintos, cada um deles tendo como seu protagonista uma diferente classe social, a aristocracia em declínio por um lado, e a burguesia ascendente por outro. Os historiadores naturalmente achavam atraente apresentar a história como um grande espetáculo no decorrer do qual um jovem desafiante enfrenta o campeão mais antigo. Mas essa concepção atraiu da mesma forma, se não ainda mais, aqueles que procuravam pelo conhecimento científico da sociedade e as suas assim chamadas leis do movimento. Ao mesmo tempo em que as análises marxistas e weberianas discordam a respeito da importância relativa dos fatores econômicos e não econômicos, ambas vêem a ascensão do capitalismo e do seu "espírito" como um ataque aos sistemas preexistentes de idéias e de relações socioeconômicas.

Um grupo de historiadores questionou recentemente o caráter classista da Revolução Francesa. Ao lidar aqui com a história das idéias, não tenho aspirações a ser tão iconoclasta; mas, numa tendência similar, apresentarei evidências de que o novo surgiu a partir do velho numa medida ainda mais ampla do que a que tem sido comumente apreciada. Retratar uma extensa mudança ou transição ideológica é naturalmente mais complexo do que descrevê-la como a ascensão de uma ideologia insurgente e concebida de modo independente simultaneamente ao declínio de uma ética dominante até o momento. Uma descrição desse tipo envolve a identificação de uma seqüência de idéias e proposições concatenadas cujo resultado final está necessariamente oculto dos proponentes dos elos individuais, pelo menos nos estágios iniciais do processo; pois eles teriam estremecido — e revisado o seu modo de pensar — se tivessem imaginado aonde as suas idéias iriam levar em última análise.

Na reconstrução de uma tal seqüência de idéias vinculadas deve-se geralmente recorrer a evidências de muitas fontes e pode-se dar apenas uma escassa atenção aos sistemas de pensamento nos quais essas evidências estão encerradas. Esse é certamente o procedimento seguido na primeira parte deste ensaio. Na segunda parte, o foco se estreita para se concentrar nas questões principais da seqüência. Os autores que desenvolveram plenamente essas questões, tais como Montesquieu e Sir James Steuart, são tratados de forma mais minuciosa, e é feito um esforço para compreender como as proposições específicas salientadas pelo objetivo da nossa história se relacionam com o seu modo geral de raciocínio. A terceira parte do ensaio comenta o significado histórico do episódio intelectual aqui apresentado e a sua relevância para algumas das nossas dificuldades contemporâneas.

PARTE UM

Como os interesses foram invocados para neutralizar as paixões

A idéia de glória e a sua derrocada

NO INÍCIO da seção principal do seu famoso ensaio, Max Weber perguntou: "Então, como poderia uma atividade, que era quando muito eticamente tolerada, transformar-se numa vocação no sentido de Benjamin Franklin?"[1] Em outras palavras: como as atividades comerciais, bancárias, e outras de enriquecimento tornaram-se honradas em algum momento da idade moderna após terem permanecido condenadas ou desprezadas como ganância, amor pelo lucro e avareza durante os séculos anteriores?

A vasta literatura crítica sobre *A ética protestante* encontrou defeitos até mesmo neste ponto de partida da investigação de Weber. O "espírito do capitalismo", alegava-se, já existia entre os comerciantes nos séculos XIV e XV, e uma atitude positiva em relação a determinadas categorias de atividades econômicas podia ser descoberta nas obras dos escolásticos.[2]

A pergunta de Weber é todavia justificada se for colocada de uma forma comparativa. Não importa quanta aprovação seja conferida ao comércio e a outras formas de ganhar dinheiro, elas certamente permaneciam num grau inferior na escala de valores medievais em relação a várias outras atividades, principalmente a busca pela glória. É na verdade mediante um breve esboço da idéia de glória na Idade Média que tentarei agora restaurar o assombro acerca da gênese do "espírito do capitalismo".

No início da era cristã, Santo Agostinho forneceu diretrizes básicas para o pensamento medieval denunciando o desejo pelo dinheiro e posses como um dos três pecados principais do homem degradado, sendo o desejo pelo poder (*libido dominandi*) e o desejo sexual os outros dois.[3] De um modo geral, Santo Agostinho é perfeitamente imparcial na sua condenação desses três ímpetos ou paixões humanas. Se é que ele admite circunstâncias atenuantes para qualquer um deles, é para a *libido dominandi*, quando combinada com um forte desejo por louvor e glória. Dessa forma, Santo Agostinho fala da "virtude civil" caracterizando os antigos romanos, "que demonstraram um amor babilônico pela sua pátria terrestre", e que estavam "reprimindo o desejo pela riqueza e muitos outros vícios em favor de seu único vício, isto é, o amor pelo louvor".[4]

Em relação ao último argumento deste ensaio, é de considerável interesse que Santo Agostinho conceba aqui a possibilidade de que um vício possa reprimir outro. Em qualquer acontecimento, a sua aprovação limitada da busca pela glória deixava uma abertura que era ampliada muito além dos seus ensinamentos pelos representantes do ideal aristocrático e cavalheiresco, que buscava a honra e a glória na prova da virtude e da grandeza de um homem. Aquilo que Santo Agostinho tinha exprimido com cuidado e relutância foi proclamado de modo triunfante posteriormente: o amor pela glória, em contraste com a procura de riquezas puramente particular, pode ter um "valor social redentor". Na verdade, a idéia de uma "Mão Invisível" — e de uma força que faz com que os homens que buscam realizar suas paixões particulares conspirem inadvertidamente contra o bem público — foi formulada em conexão com a busca pela glória, e não com o desejo pelo dinheiro, por Montesquieu. A busca pela honra numa monarquia, como diz ele, "traz vida para todas as partes do corpo político"; como conseqüência, "acontece que todos contribuem para o bem-estar geral enquanto pensam estar trabalhando pelos seus próprios interesses".[5]

Com ou sem essa justificativa sofisticada, a luta pela honra e a glória foi exaltada pelo caráter cavalheiresco medieval ainda que permanecesse em discordância com os ensinamentos fundamentais, não só de Santo Agostinho, mas de uma longa série de escritores religiosos, de Santo Tomás de Aquino a Dante, que acusava a busca pela glória de ser tanto inútil (*inanis*) quanto pecaminosa.[6] Assim, durante o Renascimento, a busca da honra alcançou a posição de uma ideologia dominante quando a influência da Igreja diminuiu e os defensores do ideal aristocrático puderam recorrer aos abundantes textos gregos e romanos que celebravam a busca pela glória.[7] Essa poderosa corrente intelectual se transportou ao século XVII: talvez a mais pura concepção da busca pela glória como a única justificativa da vida deva ser encontrada nas tragédias de Corneille. Na mesma época, as formulações de Corneille eram tão extremas que podem ter contribuído para a queda espetacular do ideal aristocrático que seria representado por alguns dos seus contemporâneos.[8]

Escritores de vários países da Europa Ocidental cooperaram para essa "demolição do herói",[9] com os da França — o país que talvez tenha ido mais longe no culto do ideal heróico — desempenhando o papel principal. Todas as virtudes heróicas eram mostradas como sendo formas de uma mera preservação de si próprio por Hobbes, de amor-próprio por La Rochefoucauld, de vaidade e de uma fuga frenética do verdadeiro conhecimento de si mesmo por Pascal. As paixões heróicas eram retratadas como degradantes por Racine, depois de terem sido denunciadas como insensatas, se não dementes, por Cervantes.

Essa assombrosa transformação do cenário moral e ideológico irrompe de maneira completamente repentina, e as suas razões históricas e psicológicas ainda não estão inteiramente compreendidas. A questão principal a ser colocada aqui é que os responsáveis pela demolição não desclassificam os valores tradicionais de modo a propor um novo código moral que poderia ter correspondido aos interesses ou necessidades de uma nova classe. A denúncia do ideal heróico não estava nem de longe associada à defesa de um novo caráter burguês. A obviedade dessa afirmação em relação a Pascal e La Rochefoucauld também se aplica a Hobbes, não obstante algumas interpretações em contrário.[10] Durante muito tempo pensou-se que as peças de Molière continham como mensagem o louvor das virtudes burguesas, mas mais uma vez essa interpretação se mostrou insustentável.[11]

Por si mesma, portanto, a demolição do ideal heróico poderia ter apenas restaurado a igualdade na ignomínia que Santo Agostinho tinha pretendido conferir ao amor pelo dinheiro e o desejo por poder e glória (para não falar na própria luxúria). Naturalmente o fato é que, menos de um século depois, o impulso aquisitivo e as atividades relacionadas com ele, assim como o comércio, a atividade bancária e posteriormente a indústria, tornaram-se largamente aclamadas, por variadas razões. Mas essa enorme mudança não resultou de uma simples vitória de uma ideologia fortemente armada sobre outra. A verdadeira história é muito mais complexa e tortuosa.

O homem "como ele realmente é"

O INÍCIO daquela história vem com o Renascimento, mas não pelo desenvolvimento de uma nova ética, ou seja, de novas regras de conduta para o *indivíduo*. Mais exatamente, ela será reconstituída aqui com um novo aspecto da teoria do *Estado*, na tentativa de aprimorar a arte de governar dentro da ordem existente. A insistência neste ponto de partida procede naturalmente da inclinação endógena da história que me proponho a contar.

Na tentativa de ensinar ao príncipe como conquistar, manter e expandir o poder, Maquiavel elaborou a sua célebre e fundamental distinção entre "a efetiva verdade das coisas" e as "repúblicas e monarquias imaginárias que nunca foram vistas e das quais nunca se soube da existência".[12] A implicação era que os filósofos morais e políticos tinham até aqui falado exclusivamente sobre o último, e deixaram de fornecer orientação para o mundo real no qual o príncipe tinha que operar. Essa demanda por uma abordagem científica e positiva foi estendida somente mais tarde do príncipe para o indivíduo, da natureza do Estado para a natureza do homem. Maquiavel provavelmente percebeu que uma teoria realista do Estado exigia um conhecimento da natureza humana, mas as suas observações a respeito desse assunto, embora invariavelmente perspicazes, são dispersas e não sistemáticas. No século seguinte ocorreu uma mudança considerável. Os avanços da matemática e da mecânica celeste proporcionaram a esperança de que as leis do movimento pudessem ser descobertas para as ações humanas, da mesma forma que para os corpos cadentes e os planetas. Assim Hobbes, que baseava a sua teoria sobre a natureza humana em Galileu,[13] dedica os primeiros dez capítulos do *Leviatã* à natureza do homem antes de passar para a comunidade. Mas foi Spinoza que reiterou, com especial agudeza e veemência,* as acusações de Maquiavel contra os pensadores utópicos do passado, dessa vez em relação ao comportamento humano individual. No parágrafo de abertura do *Tractatus politicus* ele ataca os filósofos que "imaginavam os homens não como eles são, mas como gostariam que eles fossem". E essa distinção entre pensadores positivos e pensadores normativos aparece novamente na *Ética*, onde

*Leo Strauss em *Spinoza's Critique of Religion* (Nova York: Schocken, 1965), p. 277, observa "o fato surpreendente de que o tom de Spinoza é muito mais agudo do que o de Maquiavel". Ele atribui isso ao fato de que, sendo fundamentalmente um filósofo, Spinoza estava pessoalmente muito mais envolvido com o pensamento utópico do que Maquiavel, o cientista político.

Spinoza contrapõe àqueles que "preferem detestar e zombar dos afetos e atitudes humanas" o seu próprio famoso projeto de "estudar as atitudes e os apetites humanos como se estivesse estudando linhas, planos, ou corpos".[14]

Aquele homem "como ele realmente é" é o próprio objeto daquilo que hoje é chamado de ciência política que continuou a ser sustentado — algumas vezes quase rotineiramente — no século XVIII. Vico, que tinha lido Spinoza, seguiu-o fielmente quanto a esse respeito, se não em outros. Ele escreve em *A ciência nova*:

> A filosofia considera o homem como ele deveria ser e por conseguinte é útil apenas para os muito poucos que querem viver na República de Platão e não se atiram na escória de Rômulo. A legislação considera o homem como ele é e tenta tirar bom proveito dele na sociedade humana.[15]

Mesmo Rousseau, cuja visão da natureza humana estava muito distante daquelas de Maquiavel e Hobbes, rende tributo à idéia abrindo o *Contrato social* com a frase: "Tomando os homens como eles são e as leis como deveriam ser, desejo investigar se pode-se encontrar um princípio legítimo e certo de governo."

Reprimindo e aproveitando as paixões

A ESMAGADORA insistência em olhar o homem "como ele realmente é" tem uma explicação simples. Um sentimento surgiu no Renascimento e tornou-se uma firme convicção durante o século XVII: a filosofia moral e os preceitos religiosos não podiam mais ser responsabilizados por reprimir as paixões destrutivas dos homens. Novos caminhos tinham que ser encontrados e a procura por eles começou de modo bastante lógico com uma dissecação detalhada e franca da natureza humana. Foram aqueles como La Rochefoucauld que esmiuçaram os seus recessos e proclamaram as suas "selvagens descobertas" com tanta satisfação que a dissecação parece muito mais um fim em si mesmo. Mas em geral comprometia-se a descobrir maneiras mais eficazes de formar o padrão das ações humanas do que através da exortação moralista ou da ameaça da condenação eterna. E, naturalmente o bastante, a busca era bem-sucedida; na verdade, podia-se distinguir entre pelo menos três linhas de argumento que eram propostas como alternativas à confiança na ordem religiosa.

A alternativa mais óbvia, que realmente antecipa o movimento de idéias aqui examinadas, é o apelo à coerção e à repressão. A tarefa de conter, pela força se necessário, as piores manifestações e as mais perigosas conseqüências das paixões é entregue ao Estado. Esse era o pensamento de Santo Agostinho, que teria uma rigorosa repercussão no século XVI através de Calvino.[16] Qualquer ordem social e política estabelecida é justificada pela sua mera existência. Suas possíveis injustiças são apenas retribuições pelos pecados do Homem Degradado.

Os sistemas políticos de Santo Agostinho e Calvino estão sob certos aspectos intimamente relacionados com aqueles defendidos no *Leviatã*. Mas a invenção crucial de Hobbes é seu conceito transacional peculiar do Pacto, que é totalmente estranho em espírito àqueles antigos sistemas autoritários. Notoriamente difícil de ser ordenado, o pensamento de Hobbes será discutido sob uma diferente categoria.

A solução repressiva ao problema colocado pelo reconhecimento das paixões desregradas do homem apresenta grandes dificuldades. Pois e se o soberano não conseguir cumprir corretamente a sua função, por causa de uma excessiva indulgência, crueldade, ou alguma outra deficiência? Uma vez que essa questão é colocada, a perspectiva do estabelecimento de um soberano ou autoridade apropriadamente repressivo parece ser da mesma ordem de probabilidade que a perspectiva de que os homens refrearão as suas paixões por causa das exortações dos filósofos ou sacerdotes moralistas. Como a última perspectiva persiste em ser nula, a solução repressiva se transforma numa contradição com as suas próprias premissas. Imaginar uma autoridade *ex machina* que de alguma forma suprimiria a miséria e a destruição que os homens infligem uns aos outros como resultado das suas paixões significa na verdade fingir que não existem, em vez de solucionar, as próprias dificuldades que foram descobertas. É talvez por essa razão que a solução repressiva não sobreviveu à análise detalhada das paixões no século XVII.

A solução que está mais em harmonia com essas descobertas e preocupações psicológicas consiste na idéia de *aproveitar* as paixões, em vez de simplesmente reprimi-las. Mais uma vez o Estado, ou a "sociedade", é convocado a desempenhar essa façanha, ainda que dessa vez não simplesmente como um baluarte repressivo, mas como um transformador, um meio civilizatório. Especulações a respeito de tal transformação das paixões dilaceradoras em algo construtivo podem ser encontradas já no século XVII. Antecipando a Mão Invisível de Adam Smith, Pascal argumenta a favor da grandeza do homem com base em que ele "conseguiu levantar da concupiscência um acordo admirável" e "uma ordem tão magnífica".*

***Pensées*, Nos. 502, 503 (Brunschvicg ed.). A idéia de que uma sociedade unida pelo amor-próprio em vez de pela caridade possa ser viável apesar de ser pecaminosa é encontrada entre um número de proeminentes jansenistas contemporâneos de Pascal, tais como Nicole e Domat. Ver Gilbert Chinard, *En Lisant Pascal* (Lille: Giarel, 1948), pp. 97-118, e D.W. Smith, *Helvetius: A Study in Persecution* (Oxford: Clarendon Press, 1965), pp. 122-125. Um ótimo estudo recente de Nicole está em Nannerl O. Keohane, "Non-Conformist Absolutism in Louis XIV's France: Pierre Nicole and Denis Veiras", *Journal of the History of Ideas* 35 (out.-dez. 1974), pp. 579-596.

No início do século XVIII Giambattista Vico articulou a idéia de modo mais completo, ao mesmo tempo dotando-a caracteristicamente do sabor de uma excitante descoberta:

> Devido à ferocidade, avareza e ambição, os três vícios que desencaminhavam toda a humanidade, [a sociedade] cria a defesa nacional, o comércio e a política, e dessa forma produz a força, a riqueza e a sabedoria das repúblicas; devido a esses três grandes vícios que certamente destruiriam o homem sobre a terra, a sociedade faz assim com que surja a felicidade civil. Esse princípio prova a existência da divina providência: através das suas leis inteligentes, as paixões dos homens que estão inteiramente ocupadas com a busca da sua utilidade particular são transformadas numa ordem civil que permite aos homens viver na sociedade humana.[17]

Essa é com certeza uma das afirmações às quais Vico deve a sua fama de uma mente extraordinariamente fecunda. A Astúcia da Razão de Hegel, o conceito freudiano da sublimação e, mais uma vez, a Mão Invisível de Adam Smith podem todos ser lidos nessas duas frases fecundas. Mas não há nenhuma elaboração e somos deixados na escuridão em relação às condições sob as quais aquela maravilhosa metamorfose das "paixões" destrutivas em "virtudes" realmente acontecem.

A idéia de aproveitar as paixões dos homens, de fazê-los trabalhar em direção ao bem-estar geral, foi levada adiante por uma distância consideravelmente maior pelo contemporâneo inglês de Vico, Bernard Mandeville. Freqüentemente visto como um precursor do *laissez-faire*, Mandeville na verdade invocou por toda *The Fable of the Bees* a "Administração Hábil do Político Sagaz" como uma condição e um agente necessários para a transformação dos "vícios privados" em "benefícios públicos". Como o *modus operandi* do político não era revelado, no entanto, permanecia um mistério considerável em relação às pretensas transformações benéficas e paradoxais. Apenas em relação a um "vício privado" específico Mandeville forneceu uma demonstração detalhada de como tais transformações são de fato realizadas. Refiro-me, naturalmente, a esse célebre tratamento da paixão por bens materiais em geral, e da luxúria em particular.*

Pode ser dito por conseguinte que Mandeville restringiu a área na qual ele efetivamente afirmava a validade do seu paradoxo em relação a um determinado "vício" ou paixão. No seu afastamento da generalidade ele seria seguido, com o famoso retumbante sucesso, pelo Adam Smith de *A riqueza das nações*, uma obra que se concentrava inteiramente na paixão tradicionalmente conhecida como cobiça ou avareza. Além disso, por causa da evolução decorrida na linguagem, a ser considerada com certa minuciosidade posteriormente em seu ensaio, Smith foi capaz de dar um enorme passo adiante no sentido de tornar a proposição aceitável e convincente: ele amorteceu a penetração do chocante paradoxo de Mandeville substituindo "paixão" e "vício" por termos brandos como "vantagem" ou "interesse".

Na sua forma limitada e domesticada, a idéia do aproveitamento foi capaz de sobreviver e prosperar tanto como um importante princípio do liberalismo do século XIX quanto como uma construção fundamental da teoria econômica. Mas o afastamento da generalidade da idéia do aproveitamento estava longe de ser universal. De fato, alguns dos seus posteriores adeptos eram ainda

*Foi afirmado de maneira convincente que por "Administração Hábil" Mandeville não queria dizer a intervenção e regulamentação detalhada do dia-a-dia, mas sim a lenta elaboração e evolução, por tentativa e erro, de uma estrutura legal e institucional apropriada. Ver Nathan Rosenberg, "Mandeville e Laissez-faire", *Journal of the History of Ideas* 24 (abril-junho 1963), pp. 183-196. Mas, mais uma vez, o *modus operandi* dessa estrutura é imaginado em vez de demonstrado por Mandeville. E em relação à luxúria, cujos efeitos favoráveis sobre o bem-estar geral ele descreve em detalhes, os papéis ativos do político ou da estrutura institucional não são de todo proeminentes.

menos cuidadosos do que Vico: para eles a marcha progressiva da história era prova suficiente de que de alguma maneira as paixões dos homens conspiram para o progresso geral da humanidade ou para o Espírito do Mundo. Tanto Herder quanto Hegel escreveram frases nesse gênero em suas obras sobre a filosofia da história.* O famoso conceito de Hegel da Astúcia da Razão exprime a idéia de que os homens, seguindo as suas paixões, realmente servem a algum propósito mais elevado da história mundial, do qual eles estão totalmente inconscientes. É talvez significativo o fato de que o conceito não reaparece na *Filosofia do direito* de Hegel, onde ele está preocupado, não com o curso da história do mundo, mas com a real evolução da sociedade no seu próprio tempo. Um endosso tão coletivo das paixões como está implícito na Astúcia da Razão obviamente não tinha lugar em nenhuma obra que formasse uma opinião sobre o desenvolvimento social e político contemporâneo.

Um representante definitivo da idéia na sua forma mais vulnerável é o Mefisto no *Fausto* de Goethe com a sua famosa definição de si mesmo como "uma parcela daquela força que sempre determina o mal e sempre produz o bem". Aqui parece que a idéia de aproveitar as paixões malignas de alguma maneira concreta foi completamente abandonada — no lugar dela, a sua transformação é alcançada mediante um processo global oculto, se não benéfico.

*Segundo Herder, "todas as paixões do coração do homem são impulsos ardentes de uma força que ainda não conhece a si mesma, mas que, de acordo com a sua natureza, pode apenas conspirar para uma melhor ordem das coisas". *Ideen zur Philosophie der Geschichte der Menschheit* em *Werke*, ed. Suphan (Berlim, 1909), vol. 14, p. 213.

O princípio da paixão compensatória

Dada a esmagadora realidade do homem inquieto, arrebatado e impulsivo, faltava persuasão tanto à solução repressiva quanto à do aproveitamento. A solução repressiva era uma maneira de afastar o problema, ao passo que o maior realismo da solução do aproveitamento era prejudicado por um elemento de transformação alquímica um tanto fora de tom em relação ao entusiasmo científico da época.

O próprio material com o qual os moralistas do século XVII lidavam — a descrição e investigação detalhadas das paixões — estava destinado a sugerir uma terceira solução: não é possível fazer discriminação entre as paixões e combater o fogo com fogo — utilizar um conjunto de paixões comparativamente inócuas para compensar outro conjunto mais perigoso e destrutivo ou, talvez, enfraquecer e domar as paixões através de combates exterminadores ao estilo *divide et impera*? Parece uma idéia simples e óbvia na medida em que se perde a esperança na moralização ainda que, apesar da indicação fugaz de Santo Agostinho, fosse provavelmente mais difícil de se alcançar do que o projeto de atacar todas as paixões simultaneamente. As principais paixões há muito já foram solidamente ligadas umas às outras na literatura e no pensamento, muitas vezes em alguma trindade profana, da "Superbia, invidia e avarizia sono / le tre faville ch'anno i cuori accesi"* de Dante à "Ehrsucht, Herrschsucht und Habsucht"** na *Idea for a General History* de Kant. Muito mais como os três flagelos da humanidade — guerra, fome, peste — acreditava-se que essas paixões básicas alimentavam-se mutuamente. O hábito de considerá-las como

*"Orgulho, inveja e cobiça são as três centelhas que deixam os corações dos homens em chamas." *Inferno*, Canto VI, linhas 74-75.

**"Ambição, ânsia pelo poder, e cobiça."

indissolúveis foi posteriormente reforçado pelo fato de elas serem geralmente contrastadas como um bloco com os ditames da razão ou as exigências da salvação.

Alegorias medievais freqüentemente descreveram essas mesmas lutas das virtudes contra os vícios, tendo a alma do homem como campo de batalha.* Talvez fosse paradoxalmente essa tradição que tornou possível que uma época posterior e mais realista concebesse uma espécie muito diferente de luta, que lançasse uma paixão contra a outra, ao mesmo tempo em que ainda revertia, assim como a anterior, em benefício do homem e da humanidade. De qualquer modo, a idéia surgiu e isso se deu na verdade em pontos opostos do pensamento e do espectro da personalidade do século XVII: Bacon e Spinoza.

Para Bacon, a idéia era uma conseqüência da sua tentativa sistemática de livrar-se dos jugos metafísico e teológico que impediam o homem de pensar indutiva e experimentalmente. Nas seções de *The Advancement of Learning* que tratam do "Apetite e Vontade do Homem" ele critica os filósofos morais tradicionais por terem agido

> como se um homem que se dispusesse a ensinar a escrever exibisse somente muitos modelos de alfabetos e letras juntas, sem dar nenhum preceito ou orientação a respeito da condução da mão e da construção das letras. Assim eles construíram bons e abundantes exemplos e modelos, utilizando os esboços do Bem, Virtude, Dever, Felicidade; (...) mas como atingir essas marcas excelentes, e como formar e dominar a vontade do homem para se tornar verdadeira e em harmonia com essas atividades, eles deixam passar inteiramente, (...)[18]

---

*Por essa razão o gênero é conhecido como psicomaquia. A sua história, da *Psychomachia* de Prudentius, uma obra do século V, ao ciclo de virtude e vício no pórtico central da fachada de Notre-Dame-de-Paris, é traçada em Adolf Katzenellenbogen, *Allegories of the Virtues and Vices in Mediaeval Art* (Londres: Warburg Institute, 1939).

Embora a crítica seja familiar desde Maquiavel, a analogia é notavelmente sugestiva e algumas páginas depois Bacon tenta impor o seu próprio estilo na tarefa que ele delineou. Ele o faz na forma de um louvor aos poetas e aos historiadores — em contraste com os filósofos — por eles terem

> retratado com grande vivacidade como os afetos são despertados e incitados; como são serenados e contidos; (...) como eles se revelam, como funcionam, como variam, como se reúnem e se fortalecem, como se encerram uns dentro dos outros, e como eles se batem e se enfrentam uns contra os outros, e outras particularidades assim; entre as quais essa última é de especial utilização em questões morais e civis; *como (digo eu) colocar afeição contra afeição e dominar através da outra*: mesmo quando costumamos caçar fera com fera ou atacar pássaros com pássaros. (...) Pois como no governo dos estados é necessário algumas vezes refrear uma facção com outra, assim é no interior do governo.[19]

Este vigoroso parágrafo, principalmente a sua última parte, tem todos os indícios de ser baseado, não tanto nas conquistas dos poetas e historiadores, quanto na própria experiência intensa e pessoal de Bacon como político e estadista. A idéia de controlar as paixões opondo umas às outras é, além disso, altamente congruente com a tendência irreverente e experimental desse pensamento. Por outro lado, a sua formulação não parece particularmente influente à sua época. Somente o moderno saber chamou atenção para ela de modo a apresentar Bacon, a esse respeito, como um precursor de Spinoza e Hume, que deram à idéia um lugar bem mais central em seus sistemas.[20]

Ao elaborar a sua teoria das paixões na *Ética*, Spinoza lança duas proposições que são essenciais para o desenvolvimento do seu argumento:

> Um afeto só pode ser detido ou eliminado por um afeto contrário e mais forte.[21]

e

> Nenhum afeto pode ser detido pelo verdadeiro conhecimento do bem e do mal na medida em que é verdade, mas somente na medida em que é considerado um afeto.[22]

À primeira vista parece estranho que Spinoza, com a sua inclinação metafísica e a sua relativa falta de envolvimento na vida da ação, tivesse adotado a mesma doutrina de Bacon. Ele o fez na verdade por razões completamente diferentes. Nada podia estar mais afastado da sua mente do que o pensamento de que as paixões podiam ser refreadas e manipuladas de modo útil colocando-se uma paixão contra a outra. As passagens recém-citadas serviram fundamentalmente para enfatizar a força e a autonomia das paixões, de modo que as verdadeiras dificuldades de se atingir o destino final da jornada de Spinoza na *Ética* seriam plenamente realizadas. Esse destino é o triunfo da razão e o amor a Deus sobre as paixões, e a idéia da paixão compensatória funciona como um mero posto de parada no caminho que leva a ela. Ao mesmo tempo, a idéia continua sendo parte integrante da culminação da obra de Spinoza, como fica evidente na sua última proposição:

> (...) [nós não] nos deleitamos na bem-aventurança porque refreamos as nossas luxúrias; mas, ao contrário, porque nos deleitamos nelas, somos portanto capazes de refreá-las.[23]

O primeiro grande filósofo que enalteceu a idéia de que as paixões somente podem ser combatidas com sucesso por meio de outras paixões não tinha portanto nenhuma intenção de traduzir essa idéia para o reino da moral prática ou da engenharia política, ainda que tivesse uma intensa apreciação de tais possibilidades.* Na verdade, o pensamento não volta às obras políticas de Spinoza, onde de outra forma não faltam sugestões práticas a respeito de como fazer com que as sutilezas da natureza humana trabalhem em benefício da sociedade.

Embora Hume acusasse a filosofia de Spinoza de "abominável", as suas idéias sobre as paixões e a sua relação com a razão estão incrivelmente próximas das de Spinoza.[24] Hume era simplesmente mais radical ao proclamar a impenetrabilidade das paixões em relação à razão; "a razão é e deveria ser somente a escrava das paixões" é uma das suas afirmações mais conhecidas. Em vista da sua posição extrema ele estava muito necessitado do pensamento consolador de que uma paixão pode funcionar como o contrapeso de outra. Ele assim o afirma na verdade no mesmo parágrafo crucial: "Nada pode se opor ou retardar o impulso da paixão a não ser um impulso contrário."[25]

Diferentemente de Spinoza, Hume estava ansioso para aplicar a sua compreensão. Ele o fez imediatamente no Livro III do *Treatise* ao discutir a "origem da sociedade". Falando da "avidez (...) de adquirir bens e propriedades", acha isso tão potencialmente destrutivo e também uma paixão tão improvavelmente poderosa que a única maneira de contê-la é fazendo com que ela *compense a si mesma*. Isso não parece ser algo fácil de se realizar, mas eis aqui o modo pelo qual Hume resolve o problema:

> Não há paixão, por conseguinte, capaz de controlar a afeição interessada, a não ser a própria afeição, por uma alteração da sua direção. Mas essa alteração deve acontecer necessariamente

*Como é mostrado, por exemplo, pela seguinte frase: "Por afetos contrários, eu entendo nas páginas seguintes aqueles que, embora possam ser do mesmo tipo, conduzam o homem em direções diferentes, assim como a volúpia e a avareza, que são ambas uma espécie de amor. (...)" *Ética*, Parte IV, Definições.

> com base na mínima reflexão; como é evidente que a paixão é mais bem satisfeita pela sua repressão do que pela sua liberdade, e que preservando a sociedade fazemos muito mais progressos na aquisição de propriedades do que na condição solitária e desamparada. (...)[26]

Deve-se naturalmente discordar de que reconhecer a necessidade de alguma razão ou reflexão, por "menor" que seja, significa introduzir um elemento estranho (que, além do mais, supõe-se ser o "escravo das paixões") numa arena em que se supõe que somente a paixão deva lutar contra a paixão. A questão aqui, no entanto, não é de apontar falhas no pensamento de Hume mas de demonstrar o poder que a idéia da paixão compensatória tinha sobre ele. Ele a utiliza mais oportunamente numa quantidade de aplicações menos importantes. Ao discutir Mandeville, por exemplo, ele afirma que embora a luxúria seja um mal, pode ser um mal menor que a "preguiça", que poderia resultar do banimento da luxúria:

> Vamos, portanto, continuar satisfeitos com a afirmação de que dois vícios opostos num estado podem ser mais vantajosos do que qualquer um deles sozinho; mas não vamos nunca proclamar o vício em si mesmo vantajoso.

Segue-se uma formulação mais geral:

> Qualquer que seja a conseqüência de uma transformação tão milagrosa da humanidade que os dotasse de todas as espécies de virtudes, e os livrasse de todas as espécies de vícios; isso não diz respeito ao magistrado que tem em vista apenas as possibilidades. Com muita freqüência ele somente pode curar um vício com outro; e nesse caso, ele deveria preferir aquilo que é menos pernicioso para a sociedade.[27]

Em outro ponto, como será observado a seguir, Hume defendia a repressão do "amor ao prazer" pelo "amor ao ganho". E outras aplicações da idéia obviamente o fascinavam mesmo quando ele não concordava, como na passagem seguinte, tirada do ensaio sobre "O cético":

> "Nada pode ser mais destrutivo", diz Fontenelle, "para a ambição e a paixão pela conquista do que o próprio sistema da astronomia. Que coisa insignificante é até mesmo o globo inteiro em comparação [com] a infinita extensão da natureza?" Essa consideração está evidentemente distante demais de qualquer modo para ter algum efeito. Ou, se tivesse algum, não destruiria o patriotismo, bem como a ambição?[28]

A polêmica sugere que a idéia de engendrar o progresso social incitando habilmente uma paixão para lutar contra outra tornou-se um passatempo bastante comum durante o século XVII. Isso é na verdade expresso por um grande número de escritores, tanto menos quanto mais importantes, na forma geral ou aplicada. O último gênero é ilustrado pelo artigo sobre "Fanatismo" na *Encyclopédie*; essencialmente uma invectiva ardorosa contra as instituições e crenças religiosas, ele termina com uma seção especial sobre "o fanatismo do patriota", que é grandemente louvado porque pode contrapor-se beneficamente ao fanatismo religioso.[29] Ao contrário, a idéia é transmitida na sua forma mais geral por Vauvenargues:

> Paixões são opostas a paixões e uma pode servir de contrapeso para a outra.[30]

E a mesma linguagem é encontrada na formulação mais elaborada de d'Holbach:

> As paixões são os verdadeiros contrapesos das paixões; não devemos de forma alguma tentar destruí-las, mas sim tentar conduzi-las: vamos compensar aquelas que são prejudiciais por aquelas que são úteis à sociedade. A razão (...) não é nada mais que o ato de escolher aquelas paixões que devemos seguir no interesse da nossa felicidade.[31]

O princípio da paixão compensatória surgiu no século XVII com base na sua visão sombria da natureza humana e numa crença geral de que as paixões são perigosas e destrutivas. No curso do século subseqüente tanto a natureza humana quanto as paixões foram largamente reabilitadas (ver págs. 84-85). Na França, o defensor mais ardoroso das paixões foi Helvétius.[32] A sua posição é perfeitamente indicada nos títulos de capítulos de *De l'esprit* tais como "Sobre o poder das paixões", "Da superioridade intelectual das pessoas passionais sobre as pessoas sensíveis (*gens sensés*)", e "Uma pessoa torna-se estúpida assim que deixa de ser passional". Mas tal como Rousseau, repetia rotineiramente o apelo para que o homem fosse visto "como ele realmente é", embora o seu conceito de natureza humana fosse totalmente diferente daquele que era responsável pelo lançamento do apelo em primeiro lugar, de modo que o remédio da paixão-compensatória continuava a ser defendido ainda que se afirmasse agora que as paixões eram mais fortalecedoras do que perniciosas. De fato, Helvétius produziu uma das melhores declarações a respeito do princípio, que volta diretamente à fórmula original de Bacon com o acréscimo, para ser exato, de uma pitada de rococó:

> Existem poucos moralistas que sabem como armar as nossas paixões umas contra as outras (...) com o objetivo de ter a sua opinião adotada. Na maior parte do tempo o seu conselho infligiria danos demais se fosse seguido. Ainda assim eles deveriam compreender que essa espécie de dano não pode vencer o senti-

> mento; que, por exemplo, se alguém deseja induzir mais modéstia e controle numa mulher ardente (*femme galante*) deveria colocar a sua vaidade contra a sua coqueteria e fazê-la compreender que a modéstia é uma invenção do amor e da volúpia refinada. (...) *Os moralistas poderiam ter com sucesso as suas máximas observadas se substituíssem dessa maneira a linguagem do interesse por aquela do dano.*[33]

Para o próximo passo do nosso argumento, é particularmente significativo que a palavra "interesse" seja aqui utilizada como um termo genérico para aquelas paixões que são designadas para a função compensatória.

Da França e da Inglaterra, a idéia viajou para a América onde foi utilizada pelos constitucionalistas como uma importante ferramenta intelectual para os objetivos da engenharia constitucional.[34] Um ótimo — e, em vista da recente experiência com a presidência, altamente tópico — exemplo está no número 72 do *The Federalist*, onde Hamilton justifica o princípio da reeleição para presidente. O seu argumento segue em grande parte em termos do que a proibição da reeleição faria com as motivações incumbentes. Entre outros efeitos prejudiciais, diz ele, haveria a "tentação às visões sórdidas, ao peculato":

> Um homem avarento que ocupasse o cargo, esperando a época quando deve, aconteça o que acontecer, entregar todos os emolumentos de que desfrutava, sentiria uma propensão, nada fácil de ser resistida por um homem como ele, de fazer o melhor uso da oportunidade que ele teve enquanto durou, e não teria escrúpulos em recorrer aos expedientes mais corruptos para tornar a colheita tão abundante quanto transitória; embora o mesmo homem, provavelmente, com uma diferente perspectiva diante dele, poderia se contentar com os emolumentos regulares dessa posição; e poderia mesmo não estar disposto a

> arriscar as conseqüências de abusar das suas oportunidades. A sua avareza poderia ser uma defesa contra a sua avareza. Acrescente-se a isso o fato de que o mesmo homem poderia ser frívolo ou ambicioso, bem como avarento. E se ele pudesse esperar prolongar as suas honras pela sua boa conduta, poderia hesitar em sacrificar o seu apetite por elas em favor de seu apetite pelo ganho. Mas tendo diante de si a perspectiva da aproximação de uma inevitável aniquilação, a sua avareza provavelmente venceria a sua cautela, a sua vaidade, ou a sua ambição.

As últimas frases demonstram um verdadeiro virtuosismo ao lidar com a idéia de compensação, a tal ponto que deixam o leitor moderno, muito menos acostumado nesse sentido, um pouco sem fôlego.

Uma instância mais conhecida de raciocínio que *parece* muito semelhante está em *Federalist* 51, onde a divisão de poderes entre os vários ramos do governo é eloqüentemente justificada pela afirmação de que "a ambição deve ser produzida para se contrapor à ambição". O sentido aqui é de que a ambição de um ramo do governo deve conter a de um outro, uma situação bem diferente da anterior na qual as paixões são vistas como se lutassem na arena de uma única alma. Mas pode ser significativo o fato de que o princípio da divisão dos poderes recebeu as vestes de outro: o pensamento relativamente novo da separação e equilíbrio de poderes ganhou em persuasão, sendo apresentado como uma aplicação do princípio amplamente aceito e totalmente familiar da paixão compensatória.

Naturalmente não era um estratagema consciente. De fato, o autor dessa frase (Hamilton ou Madison) parece ter se tornado a primeira vítima da confusão que criou, pois ele continua: "Pode ser um reflexo da natureza humana que tais artifícios fossem necessários para controlar os abusos do governo. Mas o que é o próprio governo senão o maior de todos os reflexos da natureza humana?" Mas é certamente um "reflexo da natureza humana" sustentar que os impulsos malignos do homem somente podem ser refreados colocando-se as suas várias paixões em luta e para que se neutralizem umas às outras. O princípio da divisão dos poderes, por outro lado, está longe de ser tão ultrajante para a natureza humana. Parece, portanto, como se escrevendo a frase lapidar "a ambição deve ser criada para se contrapor à ambição" o seu autor persuadisse a si mesmo de que o princípio da paixão compensatória, em vez daquela de separação e equilíbrio dos poderes, fosse o fundamento do novo Estado.

Falando de maneira mais geral, parece bastante plausível que o princípio anterior lançasse a base intelectual para o princípio da separação de poderes. Dessa maneira a linha de pensamento estudada aqui voltou ao seu ponto de partida: começou com o Estado, de onde se voltou para examinar os problemas da conduta individual, e a seu devido tempo os entendimentos produzidos por essa fase foram importados de volta à teoria da política.

"Interesse" e "interesses" como domadores das paixões

UMA vez que a estratégia de lançar uma paixão contra a outra foi cogitada e foi considerada aceitável e até mesmo promissora, um passo adiante na seqüência do raciocínio aqui descrito tornou-se desejável: para que a estratégia tivesse uma pronta aplicabilidade, se tornasse "operacional" no jargão atual, seria necessário conhecer, pelo menos de uma maneira geral, quais as paixões que seriam tipicamente designadas para ter a função de domadoras e quais, ao contrário, eram as paixões verdadeiramente "turbulentas" que requeriam a domesticação.

Uma designação específica de função dessa espécie sublinha o Pacto hobbesiano, que é concluído apenas porque os "Desejos, e outras paixões dos homens", tais como a busca agressiva de riquezas, glória e domínio, são superados por aquelas outras "paixões que predispõem os homens à Paz", que são "Medo da Morte; Desejo das coisas que são necessárias a uma vida confortável; e uma Esperança na sua diligência em obtê-las".[35] A totalidade da doutrina do contrato social é, nesse sentido, uma derivação da estratégia compensatória. Hobbes precisa apelar para ela apenas *uma vez*, com o propósito de *fundar* um Estado tão organizado que os problemas criados pelos homens passionais são resolvidos de uma vez por todas. Com essa tarefa em mente, foi suficiente para ele definir a domesticação e as paixões a serem domesticadas numa base *ad hoc*. Mas muitos contemporâneos de Hobbes, ao mesmo tempo que compartilhavam as suas preocupações acerca da situação do homem e da sociedade, não adotavam essa solução radical e sentiam, além disso, que a estratégia compensatória era necessária numa base contínua, do dia-a-dia. Com esse objetivo, uma formulação mais geral e permanente da designação de função era claramente conveniente. Tal formulação surgiu de fato e tomou a forma de opor os *interesses* dos homens às suas *paixões* e de contrastar os efeitos favoráveis que se seguem quando os homens são guiados pelos seus interesses ao estado calamitoso das coisas que prevalece quando os homens soltam as rédeas das suas paixões.

Para compreender a oposição desses dois conceitos, algo deve ser dito em primeiro lugar sobre os vários significados sucessivos (e muitas vezes simultâneos) dos termos "interesse" e "interesses" no curso da evolução da linguagem e das idéias. "Interesses" de pessoas e grupos eventualmente vêm a focalizar a vantagem econômica como seu significado essencial, não apenas na linguagem comum mas também em termos da ciência social, tais como "interesses de classe" e "grupos de interesse". Mas o significado econômico tornou-se dominante muito tarde na história do termo. Quando o termo "interesse", no sentido de preocupações, aspirações e benefícios, obteve aceitação na Europa Ocidental durante o final do século XVI, o seu significado não estava de modo algum limitado aos aspectos materiais do bem-estar de uma pessoa; em vez disso, compreendia a totalidade das aspirações humanas, mas denotava um elemento de reflexão e cálculo com respeito à maneira pela qual essas aspirações deveriam ser almejadas.* De fato, uma séria reflexão envolvendo a noção de interesse surgiu primeiramente num contexto inteiramente afastado dos indivíduos e de seu bem-estar material. Anteriormente foi mostrado como a preocupação com o aperfeiçoamento da qualidade da ciência de governar estava nas origens da busca por um maior realismo na análise do comportamento humano. Essa mesma preocupação levou à primeira definição e a uma investigação detalhada de "interesse".

Mais uma vez Maquiavel está na fonte do fluxo de idéias a ser examinado, assim como ele tinha iniciado a linha de raciocínio que se desenvolveu até a noção de lançar paixões contra paixões. Como veremos, esses dois fluxos correram separadamente durante muito tempo, mas no final eles se fundiram — com alguns resultados impressionantes.

Maquiavel na verdade não deu nome ao seu rebento. Ele prescreveu um comportamento característico para os governantes dos estados, mas não o subordinou a uma expressão única. Posteriormente as suas obras inspiraram os termos gêmeos e inicialmente sinônimos — *interesse* e *ragione di stato* — que se tornaram de uso

*A história do termo retorna até muito mais longe em relação aos seus outros significados, tais como os juros cobrados sobre dinheiro emprestado e a estranha utilização francesa na qual *intérêt* significa perdas e danos — um significado ainda evidente no contemporâneo *dommages-intérêts*.

comum na segunda metade do século XVI, como é mostrado no importante estudo de Meinecke.[36] Esses conceitos deveriam combater duas frentes: por um lado, eles eram obviamente uma declaração de independência dos preceitos e regras moralistas que tinham sido o principal apoio da filosofia política pré-maquiavélica; mas, ao mesmo tempo, eles tinham como objetivo identificar uma "vontade sofisticada e racional, não perturbada por paixões e impulsos momentâneos",[37] que dariam uma orientação clara e firme ao príncipe.

A principal luta de Maquiavel, o fundador da nova ciência de governo, estava naturalmente acontecendo no primeiro *front*, embora Meinecke mostre que ele não se esquecia de modo algum do segundo.[38] As *coações* que o conceito de interesse como indicador da ação implicavam para os governantes entraram em evidência ao viajar da Itália para a França e a Inglaterra. Elas se sobressaem vivamente na famosa frase de abertura do ensaio *On the Interest of Princes and States of Christendom* do estadista huguenote, o duque de Rohan:

> Les princes commandent aux peuples, et l'intérêt commande aux princes.*

Como Meinecke assinala, Rohan pode ter tomado emprestada essa formulação de antigos escritores italianos com relação à ciência de governar, tais como Boccalini e Bonaventura, que tinham chamado o interesse de "tirano dos tiranos" e *ragione di stato* de "príncipe dos príncipes".[39] Mas Rohan vai a uma distância considerável para levar a sua questão a fundo. Tendo esboçado em termos gerais os interesses nacionais da Espanha, França, Itália e Inglaterra, e os outros poderes principais da sua época, ele segue adian-

*"Os príncipes dão ordens ao seu povo e o interesse dá ordens aos príncipes."

te, na segunda parte do seu ensaio, para contar alguns episódios históricos com o objetivo de mostrar que

> em questões de Estado a pessoa não deve se deixar guiar por apetites desordenados, que nos fazem muitas vezes empreender tarefas que estão além do nosso poder; nem por paixões violentas, que nos agitam em várias direções assim que elas nos possuem; (...) mas pelo nosso próprio interesse guiado apenas pela razão, que deve ser a regra das nossas ações.*

E, na verdade, essa afirmação programática é seguida por vários exemplos de príncipes que malograram porque seguiram as suas paixões em vez do seu interesse.

É bastante irônico que a nova doutrina do interesse principesco viesse advertir e invectivar contra a indulgência com as paixões logo depois que os antigos preceitos morais e religiosos tinham sido ridicularizados como sendo irreais e inúteis. Essa ironia não foi disparada sobre os fornecedores desses preceitos, e alguns deles foram bastante felizes em tirar vantagem do seu novo e um tanto inesperado aliado. Como um exemplo pode-se citar o bispo Butler, que mostra como o "amor-próprio razoável" — isto é o interesse — é ordenado ao lado da moralidade *contra* as paixões:

> (...) paixões individuais não são mais coincidentes com a prudência, ou aquele amor-próprio razoável, o fim do qual é o nosso interesse terreno, do que são com o princípio da virtude e da religião; (...) tais paixões individuais são tanto tentações para agir imprudentemente em relação ao nosso interesse terreno, como para agir incorretamente.[40]

*Introdução à Parte II. Significativamente, a razão é aqui rebaixada à função puramente instrumental de descobrir onde está o verdadeiro interesse do Estado.

Para o príncipe, então, a nova doutrina era quase tão constrangedora quanto a antiga. Além do mais, ela logo se revelou completamente inútil: considerando que os padrões tradicionais de comportamento virtuoso são difíceis de *alcançar*, o interesse passou a ser da mesma forma difícil de *definir*. Era fácil demais dizer de modo geral que o interesse de um rei é o de manter e aumentar o poder e a riqueza do seu reino, mas esse princípio dificilmente produziria "normas decisórias" em situações concretas.

A história das tentativas de estabelecer tais regras é tortuosa e frustrante, como Meinecke mostrou magistralmente. Ainda assim, embora o conceito de interesse tenha ficado completamente atolado no seu domínio original (o príncipe ou o Estado), ele prosperou incrivelmente quando foi aplicado a grupos ou indivíduos dentro do Estado. Aqui a mistura do amor-próprio e da racionalidade que tinha sido desenvolvida como a quintessência do comportamento motivado pelo interesse nas discussões acerca da ciência de governar acabou por ser uma categoria particularmente útil e promissora.

A transição do *interesse* do governante para os *interesses* dos vários grupos entre os governados prosseguiu de maneiras um tanto diferentes na Inglaterra e na França. Na Inglaterra o conceito de interesse no singular que devia orientar príncipes e estadistas, e que posteriormente se transformou no "interesse nacional", foi aparentemente importado da França e da Itália no início do século XVII.* A obra de Rohan, *On the Interest of Princes and States of Christendom*, foi particularmente influente. Foi rapidamente

*J.A.W. Gunn, *Politics and the Public Interest in the Seventeenth Century* (Londres: Routledge e Kegan Paul, 1969), p. 36 e *passim*. Beneficiei-me muito com a riqueza de informações contidas nesse livro sobre o conceito de "interesse" e "interesses" na Inglaterra do século XVII. Ver também o artigo de Gunn "'Interest Will Not Lie': A Seventeenth-Century Political Maxim", *Journal of the History of Ideas* 29 (out.-dez. 1968), pp. 551-564. Uma excelente análise de tópicos conexos está em Felix Raab, *The English Face of Machiavelli: A Changing Interpretation, 1500-1700* (Londres: Routledge e Kegan Paul, 1964), pp. 157-158.

traduzida e provocou muitos comentários. Uma das frases mais vigorosas de Rohan no seu parágrafo inicial — *l'intérêt seul ne peut jamais manquer* (vindo depois de *Le prince peut se tromper, son Conseil peut être corrompu, mais ...*) — está na origem da máxima "O interesse não mentirá", que teve uma considerável aceitação na Inglaterra do século XVII.*

Em seu ensaio, Rohan definiu interesse em termos de política dinástica ou externa. Foram a revolução e a guerra civil na Inglaterra de meados do século XVII que necessariamente conferiram mais do que uma orientação doméstica e de grupo ao conceito. O "interesse da Inglaterra" não era mais discutido em relação à Espanha ou à França, mas sim em relação aos principais protagonistas daqueles esforços domésticos. Da mesma forma, após a Restauração, as discussões acerca da tolerância religiosa trataram do interesse da Inglaterra em relação aos interesses de presbiterianos, católicos, quacres e outros. Foi depois disso, quase ao final do século, com a estabilidade política restabelecida e uma medida de tolerância religiosa assegurada, que os interesses de grupos e indivíduos foram cada vez mais discutidos em termos de aspirações econômicas.** No início do século XVIII, encontramos Shaftesbury definindo interesse como o "desejo daquelas conveniências, com as quais estamos bem preparados, e sustentados" e falando da "posse da riqueza" como "aquela paixão que é considerada peculiarmente *interessante*".[41] Hume utiliza da mesma forma os termos "paixão de interesse" ou a "afeição interessada" como sinôni-

*A máxima foi utilizada como título de um importante panfleto de Marchamont Nedham, vigário e político habilmente flexível assim como grande admirador de, e de quem freqüentemente tomava emprestado, Maquiavel e Rohan. Ver as obras recém-citadas de Gunn e Raab.

**Raab escreve ao final de uma longa nota de rodapé bibliográfica sobre "Interesse": "Foi ao final desse período [isto é, na última década do século XVII] que "interesse" adquiriu um significado (...) especificamente econômico". *The English Face of Machiavelli*, p. 237. Gunn diz de modo mais genérico: "O interesse fez o trajeto das salas de conselho para a praça do mercado muito rapidamente." *Politics*, p. 42.

mos de "avidez por adquirir bens e posses" ou o "amor pelo ganho".[42] Essa evolução do termo pode ter sido auxiliada por um desvio convergente do significado de "interesse público"; "abundância" tornou-se um ingrediente cada vez mais importante daquela expressão.*

Na França, as condições políticas do *le grand siècle* dificilmente eram favoráveis a uma consideração sistemática dos interesses privados ou de grupos na sua relação com o interesse público. Não obstante, a carreira do termo *intérêt* se parecia com a de seu primo inglês. A idéia de interesse como tinha sido desenvolvida pela literatura política desde Maquiavel — isto é, a idéia de uma compreensão disciplinada daquilo que é necessário para promover o poder, a influência e a riqueza de alguém — tornou-se de uso comum no início do século XVII e foi logo utilizada pelos grandes moralistas e outros escritores do período na sua dissecação meticulosa da natureza humana individual. Como o cenário com o qual esses escritores estavam lidando era tipicamente a corte de Luís XIV, os protagonistas estavam "interessados" mais ou menos nas mesmas categorias que o próprio soberano: não apenas em riqueza, mas também e talvez principalmente em poder e influência. Assim o interesse era muitas vezes usado com um significado muito abrangente. Ainda assim, mesmo aí — e esse é o ponto de convergência da história inglesa e da francesa — aquele significado foi sendo reduzido, por algum processo, para a busca da vantagem material, econômica. Isso pode ser deduzido pelo "Conselho ao leitor" com o qual La Rochefoucauld prefaciou a segunda edição (1666) das suas *Maximes*:

*Gunn, *Politics*, Capítulo 5 e p. 265. Isso não é incompatível com a famosa demonstração de Viner de que o poder e a abundância são objetivos iguais de política externa de igual posição por toda a época mercantilista. Ver Jacob Viner, "Power versus Plenty as Objectives of Foreign Policy in the Seventeenth and Eighteenth Centuries", *World Politics*, vol. I (1948), reeditado em D.C. Coleman, org., *Revisions in Mercantilism* (Londres: Methuen, 1969), pp. 61-91.

> Pela palavra interesse não compreendo sempre um interesse relativo à riqueza (*un intérêt de bien*), mas na maioria das vezes um interesse relativo a honra ou glória.[43]

Essa advertência contra mal-entendidos era o único ponto de real substância num prefácio muito curto; claramente, para o leitor habitual das *Maximes*, o termo "interesse" tinha começado a tomar o sentido mais estrito de vantagem econômica.

Por volta da mesma época, Jean de Silhon, secretário e apologista de Richelieu, também observou e deplorou essa evolução de sentido num tratado no qual ele sublinha o papel positivo desempenhado pelo interesse em manter a vida e a sociedade. Ele lista uma variedade de interesses — "Interesse pela consciência, Interesse pela honra, Interesse pela saúde, Interesse pela riqueza, e vários outros Interesses" — e então atribui a conotação desfavorável vinculada a expressões tais como *un homme intéressé* ao fato de que "a palavra Interesse permaneceu vinculada exclusivamente, não sei como (*je ne sais comment*), ao Interesse pela riqueza (*Intérêt du bien ou des richesses*)".[44]

Como, de fato, essa tendência pode ser explicada? Talvez fosse devido à antiga associação de interesse e empréstimo de dinheiro; esse significado de interesse precede aquele que é discutido aqui em vários séculos. Possivelmente, também, a afinidade especial do cálculo racional implícito no conceito de interesse com a natureza das atividades econômicas seja responsável por essas atividades que eventualmente monopolizam o conteúdo do conceito. Retornando à França do século XVII, pode-se também conjecturar que, com o poder tão concentrado e aparentemente tão estável na época, os interesses econômicos constituíam a única porção do total das aspirações de uma pessoa comum na qual importantes altos e baixos podiam ser visualizados.

Na verdade Adam Smith afirmou o último ponto como uma

proposição geral ao discutir o que considerava o mais importante motivo do homem, a saber, o "desejo de melhorar a nossa condição":

> Um aumento da fortuna é o meio pelo qual a maior parte dos homens propõe e deseja melhorar a sua condição. É o meio mais comum e mais óbvio (...) [45]

Talvez não seja necessária outra explicação para a redução do significado do termo "interesses", uma vez que as origens do crescimento econômico tornaram o "aumento da fortuna" uma possibilidade real para um número cada vez maior de pessoas.*

Está tão claro agora: quando os interesses dos homens vieram a ser contrastados com as suas paixões, essa oposição podia ter significados completamente diferentes dependendo de se os interesses seriam compreendidos no sentido amplo ou restrito. Uma máxima como "O Interesse não Mentirá" era originalmente uma exortação à busca de *todas* as aspirações de alguém de uma maneira ordenada e razoável; defendia a injeção de um elemento de eficiência calculatória, bem como de prudência, no comportamento humano qualquer que pudesse ser a paixão pela qual ele é basicamente motivado. Mas por causa da tendência semântica do termo "interesses" que acabamos de observar, a oposição entre interesses e paixões poderia também significar ou transmitir um pensamento diferente, muito mais surpreendente em vista dos valo-

*"Corrupção" teve uma trajetória semântica semelhante. Nos escritos de Maquiavel, que tomou o termo de Políbios, *corruzione* significava deterioração da qualidade de governo, não importando por que razão possa ocorrer. O termo era ainda usado com o seu sentido abrangente na Inglaterra do século XVIII, apesar de ter se tornado também identificado com suborno na época. Mais tarde o sentido monetário afastou o não monetário quase que completamente. Foi isso o que também aconteceu com o termo "fortuna", que Adam Smith utiliza, na passagem recém-citada, no sentido estritamente monetário em contraste com o significado mais amplo de fortuna em Maquiavel. Ver J.G.A. Pocock, "Machiavelli, Harrington, and English Political Ideologies in the Eighteenth Century", *William and Mary Quarterly* 22 (out. 1965), pp. 568-571, e *The Machiavellian Moment* (Princeton, N.J.: Princeton University Press, 1975), p. 405.

res tradicionais: ou seja, que *um conjunto de paixões, daqui em diante conhecidas diversamente como ganância, avareza, ou amor pelo lucro, poderiam ser convenientemente empregadas para se opor e refrear outras paixões tais como ambição, desejo pelo poder, ou luxúria sexual.*

Nesse ponto, então, é efetuada uma junção entre a seqüência de raciocínio previamente desenvolvida sobre as paixões compensatórias e a doutrina do interesse. Ambas as doutrinas se originaram em Maquiavel; ainda assim o resultado final — a promoção da avareza à posição de paixão privilegiada que recebe a incumbência de domar as desregradas e de fazer dessa forma uma contribuição crucial à ciência de governo — o teria surpreendido e ultrajado bastante. Numa famosa carta ao seu amigo Francesco Vettori, Maquiavel não deixava dúvidas a respeito da sua crença no fato de que a economia e a política habitam em duas esferas diferentes:

> A fortuna determinou que, já que não sei de que forma ponderar, seja sobre a arte da seda, seja sobre a arte da lã, seja sobre lucros ou sobre perdas, convém-me ponderar a respeito do Estado.[46]

Aquilo que prevalece para Maquiavel é verdade também para muitos outros que forjaram importantes elos na cadeia de raciocínio aqui descrita. Em geral a história contada até agora ilustra como conseqüências involuntárias fluem do pensamento humano (e da forma que é dada através da linguagem) não menos do que das ações humanas. Nos numerosos tratados sobre as paixões que apareceram no século XVII, não pode ser encontrada qualquer mudança na avaliação da avareza como a "mais sórdida de todas elas" ou na sua posição como o mais mortal dos pecados mortais que veio a ocupar perto do final da Idade Média.[47] Mas uma vez que o enriquecimento colocou o rótulo de "interesses" e entrou novamente sob esse disfarce na competição com as outras paixões, foi subitamente aclamado e até mesmo recebeu a tarefa de conter aquelas paixões que durante muito tempo se pensou serem menos repreensíveis. Para ser responsável por essa inversão, não parece ser o suficiente assinalar que um termo novo, comparativamente neutro e sem graça permitisse levantar ou atenuar o estigma vinculado aos antigos rótulos. Uma explicação mais vigorosa é fornecida pela nossa demonstração de que o termo "interesses" realmente carregava — e por conseguinte conferia ao enriquecimento — uma conotação *positiva* e *curativa* derivada da sua recente estreita associação com a idéia de uma maneira mais esclarecedora de conduzir os negócios humanos, privados e públicos.

O interesse como um novo paradigma

A IDÉIA de uma oposição entre interesses e paixões fez a sua primeira aparição, como é do meu conhecimento, na obra de Rohan anteriormente assinalada, que se preocupa na sua totalidade com governantes e estadistas. Em décadas subseqüentes a dicotomia foi discutida por um grande número de escritores ingleses e franceses que a aplicaram à conduta humana em geral.

A circunstância que motivou a discussão foi um fenômeno que é familiar à história intelectual: uma vez que a idéia de interesse tinha surgido, ela se tornou uma verdadeira novidade assim como um paradigma (*à la* Khun) e a maior parte da ação humana era subitamente explicada pelo interesse próprio, algumas vezes tautológico. La Rochefoucauld dissolveu as paixões e quase todas as virtudes no interesse próprio, e na Inglaterra Hobbes levou adiante um empreendimento reducionista semelhante. Em consonância com esses desenvolvimentos, a máxima "O Interesse Não Mentirá", que tivera o sentido normativo mediante o qual o interesse deveria ser cuidadosamente descoberto e então seguido preferencialmente a outras condutas concebíveis inspiradas por diferentes motivos, transformou-se ao final do século no provérbio positivo "O Interesse Governa o Mundo".[48] A fascinação com o interesse como uma chave para a compreensão da ação humana foi transportada ao século XVIII quando Helvétius, apesar da sua exaltação das paixões, proclamou:

> Assim como o mundo físico é governado pelas leis do movimento, o universo moral é governado pelas leis do interesse.[49]

Como freqüentemente acontece com conceitos que são subitamente empurrados para o centro do palco — classe, elite, desenvolvimento econômico, para citar alguns exemplos mais recentes — o interesse parecia uma noção tão evidente por si mesma que ninguém se preocupava em defini-la com precisão. Ninguém também explicou o lugar que ela ocupava em relação às outras duas categorias que tinham dominado a análise da motivação humana desde Platão, ou seja, as paixões de um lado, e a razão de outro. Mas é precisamente contra os antecedentes dessa tradicional dicotomia que o surgimento de uma terceira categoria no final do século XVI e início do XVII pode ser entendido. Como a paixão era considerada destrutiva e a razão ineficaz, a visão de que a ação humana podia ser exaustivamente descrita por atribuição a uma ou a outra significava uma perspectiva extremamente sombria para a humanidade. Uma mensagem de esperança foi portanto transmitida pela introdução do interesse entre as duas tradicionais categorias da motivação humana. O interesse era visto na realidade participando da melhor natureza de cada um, como a paixão do amor-próprio melhorada e contida pela razão, e como razão que recebe orientação e força daquela paixão. A resultante forma híbrida de ação humana era considerada isenta tanto da destrutividade da paixão quanto da ineficácia da razão. Não é de se admirar que a doutrina do interesse fosse recebida na época como uma verdadeira mensagem de salvação! As razões específicas da sua considerável atração serão examinadas detalhadamente na seção seguinte.*

Naturalmente nem todo mundo estava convencido de que todos os problemas tinham sido resolvidos. Havia aqueles, em primeiro lugar, que resistiam aos afagos da nova doutrina e a rejeitaram completamente. Como um ardente admirador de Santo Agostinho, Bossuet achava que pouco se tinha a escolher entre paixão e interesse. Para ele, "tanto o interesse quanto a paixão corrompem o homem", e ele adverte contra as tentações da corte real tanto como "o império dos interesses" quanto como o "teatro das paixões".[50]

Mas uma atitude tão negativa era exceção. Em geral os críticos da nova doutrina simplesmente duvidavam que o interesse, no sentido de razoável, "amor-próprio" deliberado, podia ser um antagonista à altura das paixões. Tal era a visão de Spinoza:

> Todos os homens certamente buscam o seu benefício, mas raramente como determina a justa razão; na maioria dos casos o apetite é seu único guia, e nos seus desejos e julgamentos daquilo que é benéfico eles são levados pelas suas paixões, que não levam em consideração o futuro ou nenhuma outra coisa.[51]

*Louis Hartz está portanto tendo uma visão não histórica quando fala da "desolação liberal em torno do homem que se vê autonomamente trabalhando com base no seu próprio interesse" e contrasta essa visão pessimista da natureza humana com a "desolação feudal em torno do homem que se vê ajustado apenas pela dominação externa". *The Liberal Tradition in America* (Nova York: Harcourt, Brace and World, 1955), p. 80. Originalmente a idéia de que o homem é governado pelo interesse não era sentida como desoladora de modo algum.

Em outro lugar encontra-se a preeminência do interesse contestado, não tanto por causa da interferência esmagadora das paixões, mas simplesmente por causa da incapacidade dos homens de perceber os seus interesses. Mas a conclusão era novamente a de que um Estado no qual os interesses fossem claramente percebidos e seguidos seria o mais invejável, como nesta observação irônica do marquês de Halifax:

> Se se deve supor que os homens sigam sempre o seu verdadeiro interesse, isso deve se referir a uma nova criação da humanidade pelo Deus Todo-Poderoso; deve haver algum novo barro, a antiga matéria-prima jamais fez uma criatura tão infalível.[52]

Na França, o cardeal de Retz apresentou os seus respeitos à nova doutrina, mas advertido com uma fina argúcia psicológica contra não levar as paixões em consideração:

> A máxima mais correta para se avaliar com precisão as intenções dos homens é examinar os seus interesses que são o motivo mais comum para as suas ações. Mas um político verdadeiramente sutil não rejeita inteiramente as conjecturas que podem ser derivadas das paixões dos homens, pois as paixões entram algumas vezes de forma bastante clara, e quase sempre conseguem afetar inconscientemente, nos motivos que impulsionam os mais importantes negócios do Estado.*

*Cardeal de Retz, *Mémoires* (Paris: Pléiade, NRF, 1956), pp. 1008-1009. Em outro lugar, Retz escreve da mesma forma: "Na época (...) em que vivemos devem-se unir as inclinações dos homens com os seus interesses e causar essa mistura de modo a fazer um julgamento a respeito do seu provável comportamento." *Ibid*, p. 984. Uma opinião surpreendentemente semelhante é expressa mais de um século depois por Alexander Hamilton, outro político praticante (e reflexivo): "Embora as nações, essencialmente, sejam governadas pelo que elas supõem ser o seu interesse, deve ser imperfeitamente versado na natureza humana aquele que (...) não sabe que [bondosas ou cruéis] as disposições podem insensivelmente moldar ou predispor as visões do interesse próprio." Citado em Gerald Stourzh, *Alexander Hamilton and the Idea of Republican Government* (Stanford, Calif.: Stanford University Press, 1970), p. 92.

Assim como Spinoza e Halifax, Retz ainda parece sentir aqui que a intrusão das paixões deixa o mundo num lugar menos ordenado do que ele estaria se fosse governado somente pelo interesse. Algumas décadas depois, La Bruyère concorda mais ou menos com Retz sobre o peso a ser imputado aos interesses e às paixões como determinantes do comportamento humano e ao mesmo tempo reconhece explicitamente a existência do novo *ménage à trois*:

> Nada é mais fácil para a paixão do que derrotar a razão: o seu grande triunfo é triunfar sobre o interesse.[53]

É talvez significativo o fato de que La Bruyère lança aqui uma postura de distanciamento clínico: em contraste com as opiniões anteriormente citadas, ele não exprime qualquer consternação em relação à vitória ocasional das paixões sobre os interesses.

No século XVIII, a visão de que o interesse é predominante foi sujeita a uma crítica muito mais forte. Aqui estão duas afirmações típicas, a primeira de Shaftesbury, e a segunda do bispo Butler:

> Você ouviu dizer (...) como um ditado comum que O *Interesse Governa o Mundo*. Mas, eu acredito, quem quer que olhe cuidadosamente os seus negócios, descobrirá que *paixão, humor, capricho, zelo, parcialidade*, e milhares de outros motivos, que são opostos ao *interesse próprio*, têm também uma parte considerável nos movimentos dessa máquina.[54]

> Nós vemos diariamente [o amor-próprio razoável] ser suplantado, não apenas pelas mais violentas paixões, mas por curiosidade, vergonha, amor à imitação, por nada, até mesmo indolência; principalmente se o interesse, o interesse temporal que é o fim de tal amor-próprio, estiver à distância. Tão enganados estão os homens libertinos quando afirmam que são totalmente governados pelo interesse e o amor-próprio.[55]

A nova ênfase dessas duas passagens deve ser interpretada à luz de uma mudança considerável que aconteceu na atitude em relação às paixões do século XVII para o XVIII. Elas primeiramente eram vistas como inteiramente incorretas e destrutivas, como na seguinte frase de um catecismo francês: "O Reino da França não é uma tirania, onde a conduta do soberano seria guiada apenas pela sua paixão."[56] Mas gradualmente, perto do final do século XVII e mais integralmente durante o século XVIII, as paixões foram reabilitadas como a essência da vida e uma força potencialmente criativa. No período inicial, quando a proposição de que a conduta do homem é inteiramente moldada pelos seus interesses foi criticada com base em que a paixão ainda tinha que ser levada em conta, a crítica supunha que o mundo era um lugar pior do que aquele que a proposição sugeria. Mas com a reabilitação das paixões no século XVIII, a crítica idêntica também podia significar que um mundo no qual as paixões são ativas e predominam ocasionalmente é um lugar melhor do que aquele no qual somente o interesse dá o tom. A justaposição da paixão por Shaftesbury e Butler com emoções tão inofensivas e até mesmo inúteis como o humor e a curiosidade sugere essa interpretação. Ela está enraizada na rejeição, pelo Iluminismo, da visão trágica e pessimista do homem e da sociedade que era tão característica do século XVII. A nova visão, que vê a paixão *melhorando* um mundo governado apenas pelo interesse, é completamente articulada por Hume:

> (...) razões de Estado, que supostamente deveriam influenciar somente os conselhos dos monarcas, não são sempre os motivos que ali predominam; (...) as visões mais moderadas de gratidão, honra, amizade, generosidade, são freqüentemente capazes, tanto entre príncipes quanto entre pessoas individualmente, de contrabalançar essas considerações egoístas.[57]

Naturalmente, como o significado de interesse foi reduzido à vantagem material, a idéia de que "O Interesse Governa o Mundo" estava prestes a perder a maior parte da sua antiga atração. Na verdade, a frase se transforma num lamento, ou numa denúncia de cinismo, quando um personagem na peça de Schiller, *Wallenstein's Tod*, exclama:

> Denn nur vom Nutzen wird die Welt regiert.*

Isso é claramente uma tradução do provérbio do século XVII, que Schiller estava provavelmente ansioso para trazer para uma peça que tratava de acontecimentos daquele período. O único problema era que o sentido depreciativo que ele deu ao ditado — em concordância com as correntes ideológicas do século XVIII — era totalmente diferente da que tinha tido na época de Wallenstein!

Propriedades de um mundo governado pelo interesse: previsibilidade e constância

A CRENÇA de que o interesse podia ser considerado um motivo dominante no comportamento humano causou uma considerável excitação intelectual: pelo menos uma base realista para uma ordem social viável tinha sido descoberta. Mas um mundo governado pelo interesse oferecia não apenas uma escapatória dos

*Ato I, Cena 6, Linha 37. "Pois o mundo é governado somente pelo interesse." A mudança de significado do provérbio é aqui fortemente auxiliada pela inserção da palavra "nur" — "somente" ou "por nada além".

modelos de Estado excessivamente exigentes que "nunca foram vistos nem se soube que existissem"; percebia-se que ele tinha uma quantidade de propriedades específicas próprias.

A mais geral dessas propriedades era a *previsibilidade*. Maquiavel tinha mostrado que algumas proposições vigorosas a respeito da política podem ser extraídas do pressuposto de uma natureza humana uniforme.[58] Mas o seu diagnóstico era pessimista demais para ser amplamente adotado — sirva de prova a formulação reconhecidamente extrema no Capítulo 17 de O *príncipe* segundo o qual os homens são "ingratos, volúveis, falsos, hipócritas, covardes, gananciosos". A idéia dos homens sendo invariavelmente guiados pelos seus interesses podia exigir uma aceitação mais ampla, e qualquer ligeiro desagrado que a idéia pudesse deixar atrás de si seria então dissipado pelo pensamento reconfortante de que à sua maneira o mundo tornava-se um lugar mais previsível. O panfleto "O Interesse Não Mentirá" enfatizava esse ponto:

> Se você puder perceber em que consiste o interesse de um homem em qualquer determinado jogo em andamento certamente saberá, se o homem for prudente, mais ou menos onde o colocar, ou seja, como formar juízo a respeito do seu projeto.[59]

Idéias semelhantes podem ser encontradas na literatura pós-Restauração defendendo a tolerância religiosa. Um folheto diz:

> (...) presumir a ação das multidões, contrária aos seus próprios interesses — é tirar toda a convicção dos negócios humanos.[60]

Mais tarde Sir James Steuart usaria o mesmo raciocínio para afirmar que o comportamento individual governado pelo interesse próprio é preferível não apenas ao governo das paixões, mas até mesmo ao comportamento virtuoso e, principalmente, à preocupação com o interesse público entre os "governados":

> Se se operassem milagres todos os dias, as leis da natureza não seriam mais leis: e se todos agissem em benefício público, e negligenciassem a si mesmos, os estadistas ficariam desnorteados (...).
>
> (...) se um povo ficasse completamente indiferente: não haveria possibilidade de governá-lo. Todo mundo poderia considerar o interesse do seu país sob uma luz diferente, e muitos poderiam tomar parte na sua ruína, empenhando-se em promover as suas vantagens.[61]

Por um lado, portanto, se um homem busca o seu interesse, ele mesmo procederá bem já que, por definição, "o interesse não mentirá para ele ou o enganará"[62] — aquele era o próprio significado do provérbio. Por outro lado, há uma vantagem para os outros na sua busca do seu interesse, pois a sua conduta torna-se assim transparente e previsível quase como se ele fosse uma pessoa inteiramente virtuosa. Desse modo a possibilidade de um ganho mútuo surgia do esperado funcionamento do interesse *na política* bastante tempo antes de se tornar um assunto de doutrina em economia.

Naturalmente havia muitas dificuldades sérias a respeito dessa noção. Em primeiro lugar, a moderna objeção de que a imprevisibilidade é poder já era anunciada na época. Ao mesmo tempo em que aderia à teoria do interesse, Samuel Butler sustentava que pessoas insensatas e incapazes no governo

> têm uma vantagem, sobre aqueles que são mais sábios, e uma vantagem digna de importância; pois nenhum homem pode adivinhar, nem imaginar, antecipadamente, que caminho eles provavelmente seguirão em qualquer negócio que ocorra, quando não é difícil de antever, pelos seus interesses, aquilo que os homens mais sábios provavelmente terão como razão dos seus projetos.[63]

Uma objeção de maior peso à possibilidade de um ganho mútuo surgir de uma situação na qual todas as partes buscam firmemente os seus interesses derivava do fato de que em política internacional os interesses das partes principais são muitas vezes exatamente opostos uns aos outros. O fato de que os interesses de um poder são a imagem refletida dos interesses do seu principal rival foi mostrado, por exemplo, em relação à França e à Espanha no ensaio de Rohan. Mesmo nessas circunstâncias, no entanto, alguma coisa supostamente era ganha por ambas as partes pela concordância com certas regras do jogo e pela eliminação do comportamento "passional", que a busca racional do interesse implicava.

A probabilidade de um ganho em todas as direções tornou-se de certa forma maior quando a doutrina foi aplicada à política interna. Assim como o próprio termo "interesse", a noção de um *equilíbrio* de interesses foi transferida na Inglaterra do seu contexto original envolvido com a ciência de governar — onde produziu o conceito de um "equilíbrio de poder" — para a cena interna dominada por conflitos. Depois da Restauração e durante o debate sobre a tolerância religiosa, havia muita discussão acerca das vantagens que podiam resultar para o interesse público da presença de uma variedade de interesses e de uma certa tensão entre eles.[64]

Mas os benefícios a serem derivados da previsibilidade da conduta humana baseada no interesse tomaram maior vulto quando o conceito foi utilizado em conexão com as atividades econômicas dos indivíduos. Pelo menos por causa do grande número de participantes, a oposição de interesses envolvidos no comércio não poderia ser especialmente tão completa, evidente, ou ameaçadora como seria para dois estados vizinhos ou para alguns grupos políticos ou confessionais rivais dentro de estados. O subproduto da ação previsível dos indivíduos de acordo com os seus interesses econômicos não foi portanto um *equilíbrio* difícil, mas uma poderosa rede de relações interdependentes. Dessa forma esperava-se que a expansão do comércio interno criasse mais comunidades coesas, ao mesmo tempo em que o comércio externo ajudaria a evitar guerras entre elas.

Uma breve observação sobre a historiografia das doutrinas econômicas pode ser inserida aqui. Obras sobre a doutrina mercantilista abonaram a idéia de que o pensamento econômico anterior a Hume e Adam Smith considerava o comércio como estritamente um jogo de soma zero, com o ganho advindo para o país com um excedente de exportações sobre as importações ao mesmo tempo em que o país sofre uma perda equivalente na posição oposta. Mas qualquer um que olhe para o amplo espectro de considerações sobre o comércio expressas nas obras dos séculos XVII e XVIII, mais do que apenas a discussão a respeito da balança comercial, concluirá que se esperava bastante que os efeitos benéficos *em todas as direções* fluíssem da expansão do comércio. Muitos desses efeitos eram políticos, sociais e até mesmo morais em vez de puramente econômicos, e vários deles serão analisados nas seções seguintes deste ensaio.

A previsibilidade na sua forma mais elementar é a constância, e é essa qualidade que talvez fosse o fundamento mais importante para que se acolhesse um mundo governado pelo interesse. O caráter errático e instável da maioria dos comportamentos passionais foi muitas vezes enfatizado e foi considerado um dos seus aspectos mais censuráveis e perigosos. As paixões eram "mergulhadoras" (Hobbes), caprichosas, facilmente exauridas e repentinamente renovadas. Segundo Spinoza,

> Os homens podem diferir em natureza uns dos outros na medida em que são movidos por (...) paixões, e na medida em que um e o mesmo homem é movido por paixões é ele mutável e inconstante.[65]

A *inconstância* na verdade entrou em evidência como uma dificuldade fundamental em criar uma ordem social viável depois que o extremo pessimismo de Maquiavel e Hobbes em relação à natureza humana (e em relação ao resultante "estado natural") deu oportunidade a visões mais moderadas na segunda metade do século XVII. Uma das principais doutrinas do contrato social do século XVII, a de Pufendorf, ainda fazia alguma referência, à maneira de Hobbes, ao "desejo e ambição insaciável" do homem, mas baseava a necessidade de um pacto fundamentalmente na inconstância do homem e no fato de ele não ser digno de confiança, no fato de "que a relação típica de um homem com outro era a de 'um amigo inconstante'".[66]

Essa doutrina foi essencialmente adotada por Locke, que tinha reconhecido explicitamente a influência de Pufendorf no seu pensamento político.[67] Locke construiu um Estado natural que é, se não "idílico" como colocaram alguns críticos, pelo menos notavelmente não-primitivo, fervilhando como está de propriedade privada, herança, comércio, e até mesmo dinheiro. Mas precisamente por causa desse caráter estranhamente "avançado" do Estado natural de Locke existe a necessidade de garanti-lo firmemente por meio de um pacto que assegurará a permanência das suas realizações. O pacto lockiano está destinado a remover as "inconveniências, a que [os homens] estão expostos [no Estado natural], pelo exercício irregular e incerto do Poder que todo homem tem de punir a transgressão dos outros. (...)"[68] Em outro lugar, Locke diz que "Liberdade dos Homens sob o Governo" significa "não estar sujeito à Vontade inconstante, incerta, desconhecida, Arbitrária de outro homem".[69] A incerteza em geral e a inconstância do homem em particular tornam-se por conseguinte o arquiinimigo que precisa ser exorcizado. Embora Locke não recorra ao interesse para manter a inconstância acuada, existe claramente uma afinidade entre a Commonwealth que ele está tentando construir e a imagem do século XVII de um mundo governado pelo interesse. Pois na busca de seus interesses espera-se ou imagina-se que os homens sejam resolutos, sinceros e metódicos, em total contraste com o comportamento estereotipado dos homens que são fustigados e cegados pelas suas paixões.

Esse aspecto da questão também nos ajuda a entender a posterior identificação do interesse no seu sentido amplo original com uma determinada paixão, o amor pelo dinheiro. Pois as características observadas nessa paixão eram precisamente a constância, a obstinação e a uniformidade de um dia ao seguinte e de uma pessoa para outra. Num dos seus ensaios Hume fala da avareza — sem se preocupar em disfarçá-la como "interesse" — como uma "paixão obstinada";[70] em outro, ele desenvolve:

> A avareza, ou o desejo do ganho, é uma paixão universal que opera em todas as épocas, em todos os lugares, e sobre todas as pessoas.*

No *Treatise*, Hume tinha contrastado especificamente o "amor pelo ganho", que é caracterizado como "perpétuo" e "universal", com outras paixões, tais como a inveja e a vingança, que "operam apenas em intervalos, e são dirigidas contra pessoas em particular".** Outra apreciação comparativa da avareza é dada por Samuel Johnson em *Rasselas*, onde aquele príncipe abissínio fala do seu cativeiro:

> Minha condição perdeu grande parte do seu terror a partir do momento em que descobri que os árabes exploravam o país simplesmente para enriquecer. A avareza é um vício uniforme e maleável; outros destemperos intelectuais são diferentes em diferentes constituições mentais; aquilo que agrada ao orgulho

---

**Essays Moral, Political, and Literary*, org. T.H. Green e T.H. Grose (Londres: Longmans, 1898), Vol. I, p. 176. Compare com a descrição do amor de Hume em outro ensaio: "O amor é uma paixão irrequieta e impaciente, cheia de caprichos e variações: surge num momento a partir de um aspecto, de um ar, do nada, e se extingue repentinamente da mesma maneira" (p. 238).

**A *Treatise of Human Nature*, Livro III, Parte II, Seção II. Essa apreciação comparativa é feita no contexto da explicação de Hume para a existência da sociedade civil, e a força e a universalidade do desejo do ganho são primeiramente apresentadas como uma ameaça à sociedade. Hume mostra então como essa ameaça é afastada "com a mínima reflexão; já que é evidente que a paixão é muito melhor satisfeita pela sua limitação..." Ver p. 46.

> de um ofenderá o orgulho de outro; mas para obter o obséquio do ambicioso existe um caminho rápido: traga dinheiro e nada lhe será negado.[71]

A notável constância e persistência da paixão pela acumulação também é observada por Montesquieu:

> Um comércio leva a outro: o pequeno ao médio; o médio ao grande; e a pessoa que estava tão ansiosa para ganhar algum dinheiro se coloca numa situação em que não está menos ansiosa para ganhar muito.[72]

Aqui Montesquieu parece não compreender que o dinheiro seja uma exceção para aquilo que se tornou conhecido na economia moderna como a lei da utilidade marginal decrescente. Cerca de cento e cinqüenta anos depois, o sociólogo alemão Georg Simmel fez algumas observações esclarecedoras a respeito desse mesmo assunto. Normalmente, disse ele, a realização do desejo humano significa um conhecimento íntimo de todas as diversas facetas do objeto ou experiência desejada, e esse conhecimento é responsável pela famosa dissonância entre desejo e realização, que toma com muita freqüência a forma do desapontamento; mas o desejo por qualquer quantia específica de dinheiro, uma vez satisfeito, é singularmente imune a esse desapontamento *uma vez que o dinheiro não é gasto em coisas, mas que a sua acumulação torna-se um fim em si mesmo*: pois assim "como uma coisa absolutamente destituída de qualidade, [o dinheiro] não pode esconder nem surpresa nem desapontamento como qualquer outro objeto, ainda que seja deplorável".[73] A explicação psicológica de Simmel pode ter atraído Hume, Montesquieu e o Dr. Johnson, que ficaram obviamente intrigados com a constância do amor pelo dinheiro, uma qualidade tão peculiar numa paixão.

A *insaciabilidade* da *auri sacra fames* tinha sido muitas vezes considerada o aspecto mais perigoso e repreensível daquela paixão. Por uma estranha mudança, decorrente da preocupação do pensamento pós-hobbesiano com a inconstância do homem, essa mesma insaciabilidade torna-se agora uma virtude porque implicava constância. No entanto, para que essa mudança radical de avaliação tivesse convicção, e para efetuar uma suspensão temporária dos padrões de pensamento e julgamento profundamente enraizados, era necessário dotar o desejo "obstinado" pelo ganho de uma qualidade adicional: a inofensividade.

O enriquecimento e o comércio enquanto inocentes e *doux*

O ENTENDIMENTO acerca da persistência característica da "afeição interessada" (Hume) é bem capaz de parecer alarmante ao leitor moderno, porque ele pensará imediatamente na probabilidade de que uma energia tão poderosamente dotada eliminasse tudo o mais do seu caminho. Essa reação encontrou a sua mais vigorosa e famosa articulação um século mais tarde, no *Manifesto comunista*. Para ser mais exato, algumas notas de alarme soaram já na Inglaterra do início do século XVIII, onde a crise bancária de 1710, as especulações dos Mares do Sul em 1720 e a ampla corrupção política da época de Walpole fizeram surgir preocupações de que a antiga ordem estivesse sendo destruída pelo dinheiro. Bolingbroke, o adversário tóri de Walpole, lançou alguns ataques contra os operadores da Bolsa e os poderosos *nouveaux riches* da sua época e veio até mesmo a denunciar, em seu jornal, *The Craftsman*, o lugar que o dinheiro estava ocupando como "um vínculo mais duradouro que a honra, a amizade, a relação, a consangüinidade, ou a unidade de afeições".* Mas esses sentimentos deveriam assumir alguma importância somente já quase no final da segunda metade do século entre os escritores escoceses, principalmente Adam Ferguson, e na França com Mably e Morelly. Durante grande parte do século, tanto na Inglaterra quanto na França, a avaliação dominante do "amor pelo ganho" era positiva, se bem que um tanto desdenhosa, assim como na passagem anteriormente citada de *Rasselas* ["(...) os árabes exploravam o país *simplesmente* para enriquecer"] .

Dr. Johnson também é responsável por uma observação conexa, famosa, e, no nosso contexto, especialmente reveladora:

> Existem poucas maneiras pelas quais um homem pode ser mais inocentemente empregado do que em conseguir dinheiro.[74]

Este epigrama decifra outro cálculo pelo qual o comportamento motivado pelo interesse e o enriquecimento eram considerados como superiores ao comportamento comum orientado pela paixão. As paixões eram impetuosas e perigosas, ao passo que buscar os seus interesses materiais era inocente ou, como se diria hoje em dia, inócuo. Esse é um componente pouco conhecido embora especialmente revelador do complexo de idéias em discussão.

A avaliação da busca comercial e da busca do enriquecimento como inofensivas e inócuas pode ser entendida como uma conseqüência indireta do ideal aristocrático predominante durante

---

*Citado em Isaac Kramnick, *Bolingbroke and his Circle: The Politics of Nostalgia in the Age of Walpole* (Cambridge, Mass.: Harvard University Press, 1968), p. 73; ver Capítulo III em geral para uma apresentação de Bolingbroke como um antigo político "populista". Kramnick pode ter exagerado nessa descrição — ao final do Capítulo III ele tem que se basear em Hume com relação à maior parte da denúncia eficaz de algumas das inovações financeiras do período. Para uma visão diferente da oposição de Bolingbroke, ver Quentin Skinner, "The Principles and Practice of Opposition: The Case Bolingbroke versus Walpole", em Neil McKendrick, org., *Historical Perspectives: Studies in English Thought and Society in Honour of J.H. Plumb* (Londres: Europa, 1974), pp. 93-218; e J.G.A. Pocock, "Machiavelli", pp. 577-578. Pocock afirma que Bolingbroke foi menos utilizado em relação à ascensão do mercado do que em relação ao poder que a Corte e o primeiro-ministro podiam exercer como resultado dos volumosos recursos financeiros ao seu dispor.

muito tempo. Como foi observado anteriormente, quando a fé nesse ideal tinha sido severamente abalada e o "herói" tinha sido "demolido", o comerciante tão difamado não ascendeu em prestígio de modo correspondente: a idéia de que ele era um indivíduo inferior, sujo e vulgar permaneceu por muito tempo.

Havia até mesmo a dúvida de que o comércio fosse um instrumento eficiente em relação aos seus próprios objetivos de enriquecimento — uma dúvida expressa até meados do século XVIII por Vauvenargues na surpreendente máxima: "O interesse faz novas fortunas."[75] O fato de que "um homem de qualidade, através da luta, adquire riqueza de modo mais honrado e *mais rápido* do que um homem inferior através do trabalho" era uma crença básica dos espanhóis quando eles surgiram da Reconquista,[76] mas a idéia era largamente compartilhada. O próprio desprezo com o qual as atividades econômicas eram tratadas levou à convicção, apesar de muita prova em contrário, de que eles não podiam absolutamente ter um grande potencial em qualquer área do esforço humano e eram incapazes de causar seja o bem *ou o mal* em grande escala. Numa época na qual os homens estavam buscando maneiras de limitar os danos e horrores que estão habituados a infligir uns aos outros, as atividades comerciais e econômicas eram por conseguinte vistas com mais benevolência não por causa da ascensão da estima com a qual elas eram tratadas; pelo contrário, qualquer preferência por elas exprimia um desejo de um descanso da (desastrosa) grandeza, e assim refletia um desprezo contínuo. Em certo sentido, o triunfo do capitalismo, assim como aquele de muitos tiranos modernos, deve muito à ampla recusa em levá-lo a sério ou de acreditá-lo capaz de grandes projetos ou realizações, uma recusa bastante evidente na observação do Dr. Johnson.

O epigrama johnsoniano acerca da inofensividade da "obtenção de dinheiro" teve o seu equivalente na França. Na verdade, o termo idêntico "inocente" pode ser encontrado como uma caracterização das atividades comerciais no preâmbulo do édito de 1669 que declarou que o comércio marítimo era compatível com a nobreza:

> Considerando que o Comércio é a fonte fértil que traz abundância para os estados e a distribui entre os seus súditos (...); e considerando que nenhuma maneira de adquirir riqueza é mais inocente e mais legítima (...)."[77]

Subseqüentemente outro termo, à primeira vista ainda mais estranho, tornou-se popular. Havia muita discussão, do final do século XVII em diante, acerca da *douceur* do comércio: uma palavra notoriamente difícil de traduzir para outras línguas (como, por exemplo, em *la douce France*), ela transmite doçura, suavidade, calma e delicadeza e é o antônimo de violência. A primeira menção dessa qualificação do comércio que consegui encontrar acontece em *Le Parfait négociant* de Jacques Savary, o manual do século XVII para os homens de negócio:

> [A Divina Providência] não quis que tudo aquilo que é necessário à vida seja encontrado no mesmo local. Ela dispersou as suas dádivas para que os homens negociassem em conjunto e de modo que a mútua necessidade que eles têm de ajudar uns aos outros estabelecesse laços de amizade entre eles. *Essa troca contínua de todas as comodidades da vida constitui o comércio e esse comércio produz para todos a suavidade* (douceur) *da vida* (...).[78]

Essa passagem expõe pela primeira vez a idéia de um "interesse favorável da providência no comércio internacional" que Jacob Viner tinha descoberto ser do século quarto d.C.[79] Mas a última frase sobre *douceur*, sublinhada por Savary, pertence muito mais à época na qual ele escreveu.

O mais influente expoente da doutrina do *doux commerce* foi Montesquieu. Na parte do *Esprit des lois* que trata de assuntos econômicos, ele afirma no capítulo inicial:

> (...) é quase uma regra geral que onde quer que os modos do homem sejam gentis (*moeurs douces*) existe o comércio; e onde quer que haja o comércio, os modos dos homens são gentis.[80]

E mais adiante, no mesmo capítulo, ele repete:

> O comércio (...) refina e suaviza (*adoucit*) os modos bárbaros, como podemos ver todos os dias.

Não está muito claro em Montesquieu se o efeito de induzir *douceur* do comércio deveria ser ocasionado pelas mudanças que o comércio opera entre as pessoas que estão engajadas nas atividades comerciais ou, de modo mais amplo, entre todos aqueles que utilizam e consomem as mercadorias disponíveis através do comércio. De qualquer modo, o termo no seu sentido mais amplo teve uma carreira de sucesso fora da França. Vinte e um anos depois da publicação da obra de Montesquieu a frase que se acabou de citar é encontrada quase textualmente na obra do historiador escocês William Robertson, que escreve na sua *View of the Progress of Society in Europe* (1769):

> O comércio tende a fazer desaparecer aqueles preconceitos que mantêm as distinções e a animosidade entre as nações. Ele *suaviza* e *refina* os modos dos homens.*

A expressão "as nações refinadas", em contraposição às "rudes e bárbaras", tornou-se de uso comum na Inglaterra e na Escócia perto da segunda metade do século XVIII. Ela designava os países da Europa Ocidental, cuja riqueza crescente percebia-se claramente que tinha muito a ver com a expansão do comércio. O termo "refinada" pode

*Essa obra, que é o prefácio à *History of the Reign of the Emperor Charles V* de Robertson, foi recentemente editada e acrescentada de uma introdução de Felix Gilbert (University of Chicago Press, 1972). A passagem citada (ênfase minha) está na p. 67. Nas "Proofs and Illustrations" apensas ao seu ensaio, Robertson se refere à introdução de Montesquieu à parte do *Esprit des lois* que trata do comércio (na p. 165), embora ele não adote a frase exata daquela obra.

muito bem ter sido selecionado por causa da sua afinidade com *adouci*: dessa maneira, o *douceur* do comércio pode ter sido indiretamente responsável pela primeira tentativa de exprimir uma dicotomia que reapareceu mais tarde sob rótulos tais como "avançado-atrasado", "desenvolvido-subdesenvolvido", e assim por diante.

A origem do epíteto *doux* provavelmente deve ser encontrada no sentido "não-comercial" de *commerce*: além de comércio, a palavra durante um bom tempo significou uma conversa animada e reiterada e outras formas de relação social cortês e relações entre pessoas (freqüentemente entre duas pessoas de sexo oposto).* Nesta conexão o termo *doux* foi muitas vezes utilizado em conjunção com *commerce*. Por exemplo, o regulamento interno de um *collège* parisiense publicado em 1769 contém a frase:

> Como devem viver em sociedade após deixar o *Collège*, os pupilos serão treinados num estágio inicial na prática de uma relação gentil, despreocupada e honesta (*un commerce doux, aisé et honnête*).[81]

Dessa forma o termo levou para a sua carreira "comercial" uma sobrecarga de significado que denotava polidez, modos refinados e um comportamento útil socialmente. Mesmo assim, o uso persistente do termo *le doux commerce* nos parece uma estranha aberração para uma época em que o tráfico de escravos estava no seu auge e em que o comércio em geral era ainda um negócio incerto, arriscado e muitas vezes violento.** Um século mais tarde o termo foi devidamente ridicularizado por Marx que, explicando a acumulação primitiva do capital, conta alguns dos episódios mais vio-

*Isso vale para o inglês bem como para o francês. Ver o *Oxford English Dictionary*.

**O Savary consciente-do-comércio-e-da-troca foi capaz de chegar a um acordo com a instituição da escravidão mostrando que o "cultivo do tabaco, açúcar e índigo (...) não deixa de ser vantajoso" para os escravos por causa do "conhecimento do verdadeiro Deus e da religião cristã que lhes é fornecido como uma forma de compensação pela perda da liberdade". Citado em E. Levasseur, *Histoire du commerce de la France* (Paris: A. Rousseau, 1911), Vol. I, p. 302.

lentos da história da expansão comercial européia e então exclama sarcasticamente: "Das ist der doux commerce!"*

A imagem de um comerciante como um indivíduo *doux*, pacífico e inofensivo pode ter tirado alguma força da sua comparação com os exércitos saqueadores e os piratas assassinos da época. Mas na França, ainda mais do que na Inglaterra, pode também ter tido muito a ver com as lentes através das quais as pessoas olhavam para diferentes grupos sociais: qualquer um que não pertencesse à nobreza não poderia, *por definição*, participar de virtudes heróicas ou paixões violentas. Afinal, uma tal pessoa tinha somente interesses e não glória a buscar, e todos *sabiam* que essa busca estava destinada a ser *doux* em comparação com os passatempos passionais e as façanhas selvagens da aristocracia.

O enriquecimento como uma paixão tranqüila

DURANTE o curso do século XVIII a atitude positiva em relação às atividades econômicas foi amparada por novas correntes ideológicas. Embora estivesse baseada nas visões sombrias do século XVII acerca da natureza humana, sobreviveu excepcionalmente bem ao violento ataque que foi armado sobre aquelas visões na era subseqüente.

As visões anteriores acerca dos interesses e das paixões foram

**Das Kapital*, Vol. I, Capítulo 24, Seção 6. O termo aparentemente tornou-se uma piada particular entre Marx e Engels. Quando o último finalmente abandonou, em 1869, a sua ligação com a empresa têxtil familiar para se devotar inteiramente ao movimento socialista, ele escreveu a Marx: "Hurra! O dia de hoje marca o fim do *doux commerce*, e sou um homem livre." Carta de 1º julho de 1869, em Karl Marx-Friedrich Engels, *Werke* (Berlim: Dietz, 1965), Vol. 32, p. 329.

sujeitas a várias críticas. Para uma delas, como já foi mostrado, a proposição de que o homem é totalmente governado pelo interesse ou amor-próprio chegou a ser vigorosamente contestada. Ao mesmo tempo, várias novas distinções foram feitas entre as paixões com o objetivo de apresentar algumas delas como menos nocivas que outras, senão como inteiramente benéficas. Dessa maneira a oposição entre paixões benignas e malignas (com alguns tipos de propensões aquisitivas sendo classificadas entre as primeiras) tornou-se o equivalente do século XVIII, principalmente na Inglaterra, da oposição do século XVII entre interesses e paixões; mas as duas dicotomias se sobrepuseram em parte e coexistiram por um prolongado período.

A nova linha de pensamento foi desenvolvida, fundamentalmente, numa reação crítica ao pensamento de Hobbes, pela assim chamada escola sentimental de filósofos morais ingleses e escoceses, de Shaftesbury a Hutcheson e Hume.* A principal contribuição de Shaftesbury foi a reabilitação ou descoberta daquilo que ele chama de "afeições naturais", tais como a benevolência e a generosidade. Distinguindo entre o seu impacto sobre o bem privado e sobre o bem público, não é difícil para ele demonstrar que esses sentimentos elevados servem a ambos. Shaftesbury se dirige então às afeições e paixões menos admiráveis e as divide em "afeições-próprias" ou "paixões-próprias", que têm em vista, e podem levar a, o bem privado mas não necessariamente o bem público, e as "afeições antinaturais" (desumanidade, inveja etc.), que não alcançam nem o bem público nem o bem privado. Dentro de cada categoria ele posteriormente distingue entre afeições moderadas e imoderadas. É interessante observar o que acontece quando ele tenta enquadrar as atividades econômicas nesse es-

*Apesar de Adam Smith ser um importante membro da escola, a sua *Theory of Moral Sentiments* não tratava das distinções particulares de que Shaftesbury e Hutcheson tratam em particular minuciosamente. Da mesma forma, ele ignorava a distinção entre as paixões e os interesses; ver a seguir, pp. 130-132.

quema conceitual. Ele as encara sob a rubrica de "paixões-próprias", mas depois passa a questioná-las em relação a isso.

> Se a atenção relativa à [aquisição de riqueza] for moderada, e num grau razoável; se não ocasionar uma busca passional — não há nada nesse caso que não seja compatível com a virtude, e até mesmo conveniente e benéfico para a sociedade. Mas se se desenvolver por fim numa *paixão* verdadeira o mal e o dano que causa ao público não são maiores do que aqueles que ela cria para a própria pessoa. Uma pessoa assim é na verdade um opressor de si mesmo, e engana mais a si mesmo do que jamais poderia fazer contra a humanidade.[82]

Obviamente, então, o enriquecimento não se encaixa na categoria intermediária da "paixão-própria": quando procurada com moderação, ela é promovida completamente a uma "afeição natural", que atinge tanto o bem privado quanto o bem público, ao mesmo tempo em que é rebaixada a uma "afeição antinatural", que não atinge nenhum, quando se entrega ao excesso.

Francis Hutcheson simplifica o esquema de Shaftesbury e faz uma distinção entre paixões benevolentes e egoístas, por um lado, e "atos da vontade" tranqüilos e violentos, por outro. Entre os poucos exemplos que ele dá para ilustrar o último contraste, também cita as atividades econômicas:

> (...) o desejo tranqüilo de riqueza forçará uma pessoa, ainda que com relutância, a gastos luxuosos quando for necessário para ganhar uma boa barganha ou um emprego lucrativo; ao passo que a paixão pela avareza lamenta esses gastos.[83]

O critério pelo qual Hutcheson divide aqui o "desejo tranqüilo de riqueza" (observe que "tranqüilo" é o equivalente de *doux*) da avareza não é a intensidade do desejo, mas a disposição de pagar altos custos para alcançar benefícios ainda maiores. Um desejo tranqüilo é assim definido como aquele que age com cautela e racionalidade, e é dessa forma exatamente equivalente àquele que no século XVII era entendido como interesse.

Havia um problema com a nova terminologia: ao mesmo tempo em que uma vitória dos interesses sobre as paixões podia ser facilmente visualizada, a linguagem torna muito mais difícil ver como as paixões tranqüilas poderiam sair por cima numa disputa com as violentas. Hume, que também tinha adotado a distinção entre paixões tranqüilas e violentas, encarou a questão diretamente e resolveu-a numa frase penetrante:

> Devemos (...) distinguir entre uma paixão tranqüila e uma paixão fraca; entre uma violenta e uma forte.[84]

Desse modo tudo estava bem: uma atividade como a aquisição de riqueza racionalmente conduzida poderia ser categorizada e confirmada implicitamente como uma paixão tranqüila que seria ao mesmo tempo forte e capaz de triunfar sobre uma variedade de turbulentas (ainda que fracas) paixões. É precisamente esse caráter dual do ímpeto aquisitivo que Adam Smith enfatiza na sua famosa definição do desejo de melhorar a nossa condição como "um desejo que, *embora geralmente tranqüilo e desapaixonado*, vem conosco do útero, e nunca nos abandona até irmos para o túmulo".[85] E um exemplo específico dessa paixão tranqüila porém forte triunfando sobre uma violenta é dado por Hume no seu ensaio "Do Interesse":

> É uma conseqüência infalível de todas as profissões diligentes, (...) fazer o amor pelo ganho prevalecer sobre o amor pelo prazer.[86]

Afirmações ainda mais extravagantes a favor do "amor pelo ganho" serão examinadas brevemente. Mas, nesse ponto da nossa história, a afirmação de Hume pode permanecer como ponto culminante do movimento das idéias que tinha sido traçado: o capitalismo é aclamado aqui por um filósofo influente da época porque despertaria algumas tendências humanas benignas em detrimento de algumas malignas — por causa da expectativa de que, dessa maneira, reprimiria e talvez atrofiaria os componentes mais destrutivos e desastrosos da natureza humana.

PARTE DOIS

Como a expansão econômica deveria melhorar a ordem política

PARECE que dar plena liberdade e estímulo às buscas aquisitivas particulares foi tanto um resultado de uma longa tendência do pensamento ocidental quanto um importante ingrediente do clima intelectual dos séculos XVII e XVIII. Se no entanto a "tese interesses-*versus*-paixões" é completamente desconhecida, isso se dá em parte devido ao fato de ter sido relegada e ofuscada pela publicação histórica, em 1776, de *A riqueza das nações*. Por razões a serem discutidas, Adam Smith abandonou a distinção entre os interesses e as paixões ao fazer as suas alegações em defesa da livre busca do ganho particular; ele preferiu enfatizar os benefícios econômicos que essa busca traria em vez dos perigos e desastres políticos que ela poderia evitar.

Outra razão por que a tese é desconhecida pode ser deduzida da maneira laboriosa pela qual ela teve que ser construída nas páginas anteriores a partir de pequenas provas intelectuais. Com base em um amplo espectro de fontes, tentei mostrar que a tese era parte do que Michael Polanyi chamou de a "dimensão tácita", ou seja, proposições e opiniões compartilhadas por um grupo e tão óbvias para ele que nunca estão completa ou sistematicamente articuladas. É um aspecto característico dessa situação o fato de que um número de importantes autores — incluindo, de modo bastante curioso, o próprio Adam Smith — desenvolveu aplicações ou variantes especiais da teoria básica não articulada. Uma variante particularmente importante é o assunto das páginas seguintes.

Como foi observado anteriormente, as origens da tese podem ser encontradas na preocupação com a ciência de governar. As paixões que mais necessitam de contenção pertencem aos poderosos, cuja condição lhes permite fazer mal em grande escala e que se acredita estarem particularmente bem-dotados de paixões em comparação com as classes inferiores. Como resultado, as mais interessantes aplicações da tese demonstram como a intencionalidade, o desastroso desejo de glória, e, em geral, os excessos passionais dos poderosos são refreados pelos interesses — os deles próprios e os dos seus súditos.

Os principais representantes desse modo de pensar no século XVIII foram Montesquieu na França e Sir James Steuart na Escócia. As suas idéias básicas foram enriquecidas por John Millar, outro membro proeminente daquele notável grupo de filósofos, moralistas e cientistas sociais que eram algumas vezes chamados de o Iluminismo escocês. Os fisiocratas e Adam Smith compartilhavam algumas das premissas e preocupações de Montesquieu e Steuart, mas as suas soluções eram muito diferentes. Com exceção dos fisiocratas, que serão tratados como o grupo doutrinário firmemente unificado que realmente eram, cada um desses pensadores será examinado isoladamente. Como chamarei atenção para passagens das suas obras que não receberam muita atenção ou investigação minuciosa, será necessário relacionar essas passagens com o resto da sua obra. Somente dessa maneira é possível conseguir um panorama do significado e da importância das visões que serão escolhidas aqui.

Elementos de uma doutrina

1. MONTESQUIEU

MONTESQUIEU via muitas virtudes no comércio, e a relação que defendeu entre a expansão do comércio e a difusão da delicadeza (*douceur*) já tinha sido observada. O impacto cultural do comércio é para ele comparável ao seu impacto político: na principal e política Parte Um do *Esprit des lois*, Montesquieu afirma em primeiro lugar, em concordância com as diretrizes republicanas clássicas, que uma democracia pode normalmente sobreviver apenas quando a riqueza não é abundante demais nem distribuída de maneira muito desigual, mas ele então prosseguiu fazendo uma importante exceção a essa regra para uma "democracia que está baseada no comércio". Pois, diz ele,

> o espírito do comércio traz consigo o espírito da frugalidade, da economia, da moderação, do trabalho, da sabedoria, da tranqüilidade, da ordem e da regularidade. Dessa maneira, contanto que esse espírito prevaleça, a riqueza que ele cria não tem nenhum efeito ruim.[1]

Fica-se quase tentado a rejeitar esse louvor ao comércio por ser tão extravagante. Mas, posteriormente na sua obra, Montesquieu coloca um argumento muito mais detalhado e muito mais rigorosamente ponderado sobre os efeitos políticos favoráveis do comércio. Esse argumento foi completamente negligenciado, e eu agora o relatarei detalhadamente. Deve-se observar que o argumento, em contraste com aquele recém-mencionado, não somente não está restrito aos efeitos do comércio sobre uma democracia mas se aplica com uma força especial às outras duas formas de governo que Montesquieu discute por toda a sua obra e em relação às quais ele estava mais intimamente familiarizado e preocupado: a monarquia e o despotismo.

Na Parte Quatro de *Esprit des lois* Montesquieu discute o comércio (Livros XX e XXI), moeda (Livro XXII), e população (Livro XXIII). No Livro XX ele dá a sua opinião sobre uma grande variedade de tópicos gerais, desde o "espírito do comércio" até a conveniência de se permitir que a nobreza participasse de atividades comerciais. No Livro XXI, em contraste, Montesquieu trata de um único assunto, a história da navegação e do comércio, e é além disso mais concreto do que nunca conseguiu ser. É então mais surpreendente vê-lo repentinamente formular um princípio geral no capítulo daquele livro no qual ele discute "Como o Comércio Surgiu na Europa a Partir da Barbárie". Montesquieu descreve aqui como o comércio foi dificultado pela proibição da cobrança de juros pela Igreja e foi conseqüentemente ocupado pelos judeus: como os judeus sofreram violência e extorsões constantes nas mãos dos nobres e reis; e como finalmente eles reagiram inventando a letra de câmbio (*lettre de change*). A parte final do capítulo tira conclusões surpreendentes:

> (...) e através desse meio o comércio podia evitar a violência, e se manter em todos os lugares; pois o comerciante mais rico tinha apenas uma riqueza invisível que podia ser enviada a qualquer lugar sem deixar nenhum rastro (...). Dessa maneira nós devemos (...) à avareza dos governantes o estabelecimento de um artifício que de alguma forma ergue o comércio acima do seu controle.
>
> Desde aquela época, os governantes têm sido compelidos a governar com uma sabedoria maior do que a que eles próprios teriam pretendido; pois, devido a esses acontecimentos, as grandes e súbitas atitudes arbitrárias do soberano (*les grands coups d'autorité*) provaram ser ineficazes e (...) apenas o bom governo traz prosperidade [ao príncipe].

> Nós começamos a nos libertar do maquiavelismo, e continuaremos a fazê-lo dia após dia. É necessária uma maior moderação nos conselhos de Estado. Aquilo que costumava ser chamado de *coup d'etat* hoje em dia não seria mais do que imprudência, completamente distante do horror que tais ações inspiram.

E o capítulo termina com a frase que é um testemunho real da tese do seu ensaio e que foi escolhida como sua epígrafe:

> *E é uma felicidade para os homens encontrarem-se numa situação em que, ao mesmo tempo em que as suas paixões inspiram-lhes a idéia de serem maus* (méchants), *eles têm interesse em não sê-lo.*[2]

Aqui está uma generalização verdadeiramente magnífica construída sobre a expectativa de que os interesses — isto é, o comércio e os seus corolários, tais como a letra de câmbio — inibiriam as paixões e as ações "más" induzidas pela paixão dos poderosos. Várias passagens conexas na obra de Montesquieu deixam claro que as idéias que ele propôs no Livro XXI eram um componente importante do seu pensamento sobre a relação entre a economia e a política.* Ele chega realmente ao mesmo ponto desejado no livro seguinte (XXII) quando discute a depreciação da moeda pelo soberano. Os imperadores romanos envolveram-se nessa prática com grande satisfação e lucro, mas em tempos mais recentes a depreciação da moeda é contraproducente por causa do amplo

*A oposição entre os interesses e as paixões também aparece em outra parte da obra de Montesquieu: "Vivendo num estado de permanente excitação, essa nação poderia ser mais facilmente conduzida pela sua paixão do que pela sua razão — a última nunca produziu grandes efeitos nas mentes dos homens; e seria fácil para aqueles que governam aquela nação incumbirem-se de empreendimentos que vão contra os seus reais interesses." *Esprit des lois*, XIX, 27. Esse parágrafo é do famoso capítulo no qual a Inglaterra é indulgentemente retratada com um considerável detalhamento sem que seja sequer mencionada pelo nome. Assim como em La Bruyère (ver antes, p. 46), é conferido à razão aqui o papel de um membro comparativamente impotente num *ménage à trois* consistindo em paixão, razão e interesse.

câmbio de moeda estrangeira e das operações de arbitragem que se seguiriam imediatamente:

> (...) essas violentas operações não poderiam acontecer na nossa época; um príncipe enganaria a si mesmo, e não enganaria ninguém. As operações de câmbio de moeda estrangeira (*le change*) ensinaram os banqueiros a comparar moedas de todas as partes do mundo e a avaliá-las pelo seu valor correto. (...) Essas operações puseram fim às grandes e súbitas ações arbitrárias do soberano (*les grands coups d'autorité*) ou pelo menos ao seu sucesso.[3]

As duas situações parecem ainda mais semelhantes por causa dos termos quase idênticos para as duas técnicas que resultam em repressões aos políticos: a *lettre de change* no primeiro caso, e simplesmente *le change* no outro. Em suas notas, Montesquieu enfatiza a importância da letra de câmbio — "É impressionante que a letra de câmbio só tenha sido descoberta tão tarde, pois não há nada mais útil no mundo"* — e em *Esprit des lois* ele dá muita importância à subdivisão da riqueza em terra (*fonds de terre*) e bens móveis (*effets mobiliers*), dos quais a letra de câmbio é parte.[4]

Antes de Montesquieu, Spinoza tinha feito a mesma distinção, também com objetivos políticos, e tinha mostrado a mesma preferência pelo capital móvel sobre o fixo. No *Tractatus politicus* ele chegou mesmo a defender a propriedade estatal para todos os bens imóveis, incluindo as casas, "se possível".[5] O objetivo da proi-

**Mes pensées*, No. 753 em *Oeuvres complètes* (Paris: Gallimard, Pléiade ed., 1949), Vol. I, p. 1206. Na época, esse louvor à letra de câmbio, vindo depois de um longo período de suspeita por causa da sua alegada invenção pelos judeus e sua possível conexão com a usura, não era de modo nenhum incomum. Meio século mais tarde, durante a discussão sobre o Código Napoleônico do Comércio, o proponente da seção sobre a letra de câmbio exclamou: "A letra de câmbio foi inventada. Na história do comércio, esse é um acontecimento quase comparável à invenção da bússola e à descoberta da América (...). Ela libertou o capital móvel, facilitou os seus movimentos e criou um imenso volume de crédito. Daquele momento em diante, não existiram limites para a expansão do comércio a não ser aqueles do próprio planeta." Citado em Henri Lévy-Bruhl, *Histoire de la lettre de change en France aux 17e et 18e siècles* (Paris: Sirey, 1933), p. 24.

bição da propriedade privada era o de evitar disputas sem solução e a inveja infindável: ao possuir bens imóveis que existem em quantidades limitadas, os membros da mesma comunidade são necessariamente envolvidos numa situação em que um homem ganha com a perda de outro. Por conseguinte, "é de grande importância na promoção da paz e da concórdia (...) que nenhum cidadão deva ter qualquer bem imóvel". O comércio e a riqueza móvel, por outro lado, são vistos numa luz completamente benigna; pois eles fazem surgir "interesses que são ou interdependentes ou requerem os mesmos meios para o seu favorecimento".[6] Para Spinoza, a quantidade de dinheiro que pode ser possuída pelos indivíduos era limitada apenas pelos seus esforços e esses esforços por sua vez resultavam numa rede de obrigações mútuas, que reforçariam os laços que mantêm a sociedade unida.[7] Como será mostrado, a crescente importância da riqueza móvel em relação à terra e aos bens imóveis seria utilizada como uma base para conjecturas políticas similares não apenas por Spinoza e Montesquieu, mas por Sir James Steuart e Adam Smith.

Deve ser feita aqui uma breve menção a atitudes aparentemente muito diferentes em relação ao crescimento da dívida pública e o conseqüente aumento da notável quantidade de obrigações do governo ou "ações públicas". A expansão dessa variedade de riqueza móvel foi considerada mais prejudicial do que benéfica por um grupo de escritores ingleses e franceses, incluindo Hume e Montesquieu.* Embora uma doutrina de "moeda elástica" possa

*Ver Montesquieu, *Esprit des lois*, XXII, 17 e 18; e principalmente o ensaio "Of Public Credit" em David Hume, *Writings on Economics*, org. E. Rotwein (Madison, Wis.: University of Wisconsin Press, 1970), pp. 90-107. É aqui que Hume pinta um quadro terrível do estado político ao qual a Inglaterra seria reduzida se fosse permitido à dívida pública expandir-se indefinidamente: "Não resta absolutamente nenhum expediente para se resistir à tirania: as eleições são dominadas apenas pelo suborno e pela corrupção: e o poder intermediário entre o rei e o povo sendo totalmente removido, um despotismo atroz deve predominar infalivelmente" (p. 99). Hume e Montesquieu se corresponderam a respeito dessas questões; ver os excertos reeditados em *Writings on Economics*, p. 189.

ser encontrada em seus argumentos, eles criticavam a expansão da dívida pública fundamentalmente em bases políticas. O que se pode ver na verdade é que a sua crítica originou-se na mesma preocupação básica em relação aos excessos do poder estatal que os tinha levado a uma avaliação *positiva* do aumento de outros tipos de riqueza móvel, assim como as letras de câmbio. Os últimos tipos eram bem acolhidos por Montesquieu e outros porque deveriam reprimir a disposição e a capacidade do governo de se envolver em *grands coups d'autorité*. Mas essa capacidade, e o poder governamental em geral, somente podiam ser intensificados se o tesouro se tornasse capaz de financiar as suas operações entrando em dívida em larga escala. Era portanto perfeitamente coerente para esses autores aclamar a crescente circulação de letras de câmbio ao mesmo tempo em que a censuravam pelas "ações públicas".

Ao mostrar como a letra de câmbio e a arbitragem com moeda estrangeira torna menos atraente para os poderosos agir com a sua tradicional indiferença e violência, Montesquieu não faz mais do que seguir o programa que havia planejado para si mesmo no breve ensaio "Sobre a política" escrito vinte e três anos antes da publicação de *Esprit des lois*:

> É inútil atacar a política diretamente mostrando o quanto as suas práticas estão em conflito com a moralidade e a razão. Essa espécie de discurso convence a todos, mas não muda ninguém. (...) Acredito que seja melhor seguir uma estrada sinuosa e tentar transmitir aos poderosos um desagrado em relação a certas práticas políticas mostrando quão pouco elas produzem que seja realmente útil.[8]

Montesquieu estava portanto motivado por esses princípios políticos fundamentais a trazer à tona, a acolher e também a exagerar os efeitos políticos benéficos que poderiam fluir da letra de câmbio e da arbitragem cambial. Essas instituições e operações estão bem de acordo com a preocupação política que inspira a principal parte da sua obra: descobrir um meio de impedir o abuso do poder ilimitado. Sua defesa da separação dos poderes e do governo misto surgiu de sua busca pelo poder compensatório; pois, apesar de conclusões radicalmente diferentes, ele concordava com Hobbes em que "todo homem que tem poder tende a abusar desse poder; ele irá até o ponto em que encontra barreiras".[9] No seu caderno de notas, ele copiou uma frase que tinha lido em 1730, durante a sua estada na Inglaterra, em *The Craftsman*, o periódico crítico de Bolingbroke:

> O amor pelo poder é natural; ele é insaciável; quase constantemente estimulado, e nunca saciado pela posse.*

E, como resultado, ele concebeu o princípio da separação dos poderes e de vários outros dispositivos porque, como ele diz numa famosa frase,

> Para que não haja abuso de poder, é necessário que, através da disposição das coisas (*par la disposition des choses*), o poder seja detido pelo poder.[10]

A apropriada *disposition des choses* que restringirá a sob outros aspectos incessante expansão do poder pode ser alcançada fundamentalmente através da criação de várias salvaguardas institucionais e constitucionais ao sistema político. Mas por que não incluir nessa *disposition* mais alguma coisa que pode ser útil? Quando começou a discutir questões econômicas, Montesquieu percebeu,

**Oeuvres complètes*, Vol. II, p. 1358. Ao pesquisar as influências sobre a doutrina política de Montesquieu, Robert Shackleton vê grande significado no fato de que Montesquieu, "embora tivesse alguma dificuldade em copiar palavras numa língua estrangeira, reproduzisse em seu caderno de anotações, pelo seu próprio punho, os argumentos do perigo ligado ao poder". "Montesquieu, Bolingbroke, and the Separation of Powers", *French Studies* 3 (1949), p. 37.

como foi observado antes, que o desejo do ganho é autopropulsor e insaciável, assim como o impulso em direção ao poder. Mas embora ele visse o último com uma séria preocupação, sabemos que ele não via nada além de *douceur* no primeiro. Desse modo era simplesmente natural que ele pudesse ter procurado maneiras específicas nas quais o ímpeto aquisitivo pudesse ser incorporado à adequada *disposition des choses*. Na frase-chave da página 96 deste ensaio, onde as paixões do soberano são vistas enquanto sendo domadas pelos seus interesses, ele executou uma junção e fusão de noções contemporâneas predominantes sobre a paixão compensatória com a sua própria teoria do poder compensatório. Ele aclamou a letra de câmbio e a arbitragem como auxiliares das salvaguardas constitucionais e como baluartes contra o despotismo e *les grands coups d'autorité*; e praticamente não pode haver dúvida de que essas passagens sobre as conseqüências políticas favoráveis da expansão econômica constituem uma contribuição importante, e até aqui negligenciada, à sua tese política central, assim como representam uma justificativa básica da nova era comercial-industrial.

Como foi apresentada até aqui, a doutrina de Montesquieu está inteiramente preocupada com o governo e a política interna. Essa era de fato a principal preocupação do pensamento político, a arena tradicional na qual as propostas de reforma através da organização institucional-constitucional eram formuladas. Não obstante, nos séculos XVII e XVIII havia uma preocupação crescente em relação aos contatos internacionais e, em particular, em relação ao estado praticamente permanente de guerra no qual as principais potências estavam envolvidas. Na medida em que se pensava que a guerra tinha origem nos excessos passionais e voluntariosos dos governantes, nenhuma melhora na política interna ou na organização econômica que reprimisse efetivamente tal comportamento teria, é claro, conseqüências internacionais indiretas e benéficas e aumentaria as chances de paz. Mas o comércio internacional, sendo uma transação entre nações, podia compreensivelmente ter também um impacto direto na probabilidade de guerra e paz: mais uma vez os interesses deviam subjugar as paixões, especificamente a paixão pela conquista. Por causa do estado comparativamente subdesenvolvido do pensamento acerca das relações internacionais, especulações dessa espécie eram geralmente formuladas em vagas generalidades e afirmações sem sustentação.

Na verdade a opinião geral sobre o efeito do comércio na discórdia ou harmonia internacional mudou substancialmente do século XVII para o XVIII. Seja devido à doutrina mercantilista ou pelo fato de que os mercados eram na verdade tão limitados que uma expansão do comércio de uma nação só poderia ser garantido pela substituição do de outra, o comércio era caracterizado como "um combate perpétuo" por Colbert e como "uma espécie de guerra" por Sir Josiah Child.[11] As condições e doutrinas básicas sob as quais o comércio era conduzido estavam substancialmente inalteradas cerca de cinqüenta anos mais tarde. No entanto, Jean-François Melon, um amigo íntimo de Montesquieu, afirma em 1734:

> O espírito da conquista e o espírito do comércio são mutuamente exclusivos numa nação.[12]

Montesquieu afirma do mesmo modo categórico:

> o efeito natural do comércio é o de levar à paz. Duas nações que negociam juntas tornam-se mutuamente dependentes: se uma tem um interesse em comprar, a outra tem em vender: e todas as uniões são baseadas em necessidades mútuas.[13]

Essa drástica mudança de opinião sobre o efeito do comércio na paz pode ser relacionada com o pensamento de Montesquieu sobre as conseqüências políticas internas da expansão econômica. Era difícil sustentar que internamente tal expansão levaria a restrições ao comportamento dos governantes ao mesmo tempo em que internacionalmente ela causaria guerras quando estas eram principalmente vistas como motivadas mais por ambição dinástica e insensatez (como em *Candide*) do que pelo "verdadeiro interesse".

Na verdade, o louvor de Montesquieu pelo comércio não se dava sem reservas. No mesmo capítulo em que elogia o comércio pela sua contribuição à paz, ele lamenta o modo pelo qual o comércio traz consigo uma monetarização de todas as relações humanas e a perda da hospitalidade e de outras "virtudes morais que nos levam a não discutir sempre os nossos interesses com rigidez".[14]

Melon não tem tais escrúpulos. Pelo contrário, deseja tranqüilizar aqueles que temessem que o comércio, ao trazer paz e tranqüilidade, pudesse causar a perda de qualidades como a coragem e a ousadia. Melon afirma que essas qualidades não apenas sobreviveriam, mas floresceriam por causa dos perigos da navegação que o comércio marítimo enfrenta continuamente.[15] Dessa maneira tudo é verdadeiramente para o melhor: o comércio atua, ao mesmo tempo, como uma prevenção à guerra e como um equivalente para ela!

2. SIR JAMES STEUART

Colocado contra o pano de fundo de um país onde, em meados do século XVIII, não se tinha em vista nenhum recurso evidente contra o governo desastrosamente arbitrário, a confiança parcial de Montesquieu no comércio, na letra de câmbio e na arbitragem como salvaguardas contra *les grands coups d'autorité* e a guerra pode ser interpretada como um juízo de desespero ou, alternativamente, como um extraordinário salto de imaginação otimista. Na Inglaterra havia menos necessidade de ir tão longe, sendo o poder da coroa nada mais do que absoluto no século XVIII. Não obstante, idéias semelhantes afloraram entre economistas políticos e sociólogos históricos do "Iluminismo escocês" na segunda metade do século.

Para figuras como Adam Smith, Adam Ferguson e John Millar, essas idéias provavelmente provinham da sua convicção comum de que as mudanças econômicas são as determinantes básicas da transformação social e política.[16] Mas para Sir James Steuart, que apresentava idéias similares àquelas de Montesquieu na forma mais explícita e geral, a explicação é ainda mais simples: a sua principal obra, a *Inquiry into the Principles of Political Economy* (1767), foi em grande parte concebida e escrita durante o seu longo exílio da Inglaterra no continente europeu onde a inter-relação entre as condições políticas e o progresso econômico era particularmente óbvia. Além disso, a influência do pensamento de Montesquieu é evidente em toda a sua obra, tanto no que diz respeito aos princípios gerais quanto aos numerosos pontos específicos de análise.

Por exemplo, as idéias de Montesquieu sobre os efeitos políticos da letra de câmbio e da arbitragem têm eco distintamente no capítulo em que Steuart descreve "The general Consequences resulting to a trading Nation upon the opening of an active foreign Commerce" nos seguintes termos:

> O estadista olha em redor com espanto; ele que estava habituado a se considerar o primeiro homem na sociedade em todos os aspectos, se vê eclipsado pelo esplendor da riqueza privada, *que evita que ele a alcance quando tenta apanhá-la*. Isso torna o seu governo mais complexo e mais difícil de ser conduzido: *ele agora precisa aproveitar a perícia e o discurso*, bem como o poder e a autoridade.[17]

A mesma idéia é expressa novamente quando Steuart diz que "o interesse monetário", em contraste com os proprietários de terras e a sua "propriedade sólida", "pode fazer malograr as tentativas [do estadista]" e pode frustrar "os seus planos de deitar a mão na riqueza privada".[18]

Esse pensamento relativo às restrições induzidas pela expansão sobre a autoridade gananciosa e as exigências arbitrárias dos detentores do poder político é elaborado e apresentado de uma forma mais geral quando as conseqüências sociais e políticas da expansão econômica — que ele chama de "a instituição do comércio e da indústria" — são examinadas de forma mais especifica posteriormente no mesmo capítulo.

Assim como na passagem anteriormente citada, Steuart se mostra incomparavelmente ciente de um extraordinário enigma. Inteiramente familiarizado com o pensamento mercantilista e sob certos aspectos ainda sob a sua influência, ele sabia que o comércio e a indústria, se conduzidos de modo adequado, deveriam aumentar o poder do reino e por conseguinte aquele do soberano. Ao mesmo tempo, a observação do *verdadeiro* desenvolvimento social bem como, presumivelmente, o conhecimento a respeito do novo pensamento histórico de seus colegas escoceses, tais como David Hume e William Robertson, sugeriam um conjunto bem diferente de conseqüências: a expansão do comércio fortalecia a posição dos "homens de classe média" à custa dos lordes e eventualmente também do rei. Colocando-se na encruzilhada dessas duas análises ou conjecturas contraditórias, Steuart conciliou-as audaciosamente por meio de uma daquelas seqüências dialéticas que, juntamente com outras indicações, torna possível o fato de que o seu pensamento tenha uma influência sobre Hegel.[19] Ele sustenta, à verdadeira maneira mercantilista, que a "introdução do comércio e da indústria" se origina na ambição do estadista de obter poder, mas então mostra como as coisas tomam um rumo inesperado:

> O comércio e a indústria (...) deveram a sua instituição à ambição dos príncipes (...) principalmente com a intenção de enriquecer a si mesmos, e desse modo tornar-se formidáveis em relação aos seus vizinhos. Mas eles não descobriram, até que a experiência lhes ensinou, que a riqueza que eles extraem de tais fontes não era nada senão o excesso da nascente; e que um povo opulento, impetuoso e ardoroso, tendo o capital da riqueza do príncipe nas suas próprias mãos, também o tem em seu próprio poder, quando se torna fortemente a sua inclinação, abalar a sua autoridade. A conseqüência dessa mudança tem sido a introdução de um plano administrativo mais moderado e regular.
>
> Quando um Estado começa a subsistir pelas conseqüências da indústria, há menos perigo a ser apreendido do poder do soberano. O mecanismo da sua administração torna-se mais complexo, e (...) ele se encontra tão limitado pelas leis da sua economia política, que toda transgressão a elas o coloca em novas dificuldades.

Nesse ponto Steuart não se compromete muito:

> Falo somente dos governos que são conduzidos sistematicamente, constitucionalmente, e por leis gerais; e quando menciono príncipes, quero dizer os seus conselhos. Os princípios que estou examinando dizem respeito à administração indiferente de seu governo; pertence a outro ramo da política criar baluartes contra as suas paixões, vícios e fraquezas, como homens.[20]

Mas ele esquece completamente essa cautela quando retorna, alguns capítulos depois, ao tópico das "restrições" que o "complicado sistema da moderna economia" impõe à condução dos negócios públicos. Ele faz novamente uma observação bilateral: por um lado, a riqueza crescente faz com que o estadista tenha "uma influência tão poderosa sobre as operações de todo um povo (...) que em épocas passadas, mesmo sob a direção dos governos mais absolutistas, era completamente desconhecida"; ao mesmo tempo, no entanto, "o poder do soberano é extremamente limitado, em todo exercício *arbitrário* dele" (ênfase de Steuart). A razão está na natureza da "complicada economia moderna", que ele também chama de "o plano" ou "o plano da economia":

> (...) a execução do plano provará ser absolutamente inconsistente em relação a toda medida arbitrária ou irregular.
>
> O poder de um príncipe atual, que seja, através da constituição do seu reino, tão absoluto, imediatamente torna-se limitado logo que ele estabelece o plano econômico que estamos tentando explicar. Se a sua autoridade lembrava anteriormente a solidez e a força da cunha (cujo uso pode ser feito indiferentemente, para rachar madeira, pedras e outros corpos sólidos, e que pode ser jogada de lado e retomada à vontade), ela virá finalmente a lembrar a delicadeza do relógio, que serve para o único propósito de marcar a progressão do tempo, e que é imediatamente destruído, se utilizado para outro fim, ou tocado por uma mão que não seja a mais gentil.
>
> [Uma] economia moderna, desse modo, é o freio mais eficaz já inventado contra a insensatez do despotismo (...).[21]

Aqui está outra formulação espetacular da idéia originalmente estruturada por Montesquieu, de que devido ao "complicado sistema da economia moderna" os interesses venceriam o governo arbitrário, a "insensatez do despotismo", em resumo, as paixões dos governantes. Dessa vez Steuart joga a sua cautela anterior para o alto e claramente vê o comércio e a indústria em expansão como seguros "baluartes contra as paixões, vícios e fraquezas [dos homens]".

Assim como no caso de Montesquieu, o conjunto de idéias escolhidas aqui é melhor apreciado se elas estiverem relacionadas com o resto do pensamento de Steuart. Para Montesquieu, não era difícil mostrar que as suas especulações a respeito das implicações da expansão comercial se ajustam rigorosamente aos tópicos principais da sua obra. Mas, em relação a Steuart, a primeira reação é a imputação de incoerência: a sua obra *Inquiry* tem sido muito conhecida como um livro no qual o "estadista"* está constantemente guiando as coisas numa direção ou noutra para manter a economia num curso estável, e tentativas de reabilitar Steuart como um grande economista mostraram-no como um predecessor de Malthus, Keynes e da "economia de controle".[22] Como é possível, então, que ele pudesse ter afirmado ao mesmo tempo que a "introdução da economia moderna" iria *restringir* ou *constranger* o estadista até um ponto anteriormente desconhecido?

A explicação está na distinção, implícita em Steuart, entre abusos "arbitrários" de poder que se originam nos vícios e paixões dos governantes (e que estão intimamente relacionados com os *grands coups d'autorité* de Montesquieu), por um lado, e a "sintonia fina" conduzida por um hipotético estadista, motivada exclusivamente pelo bem comum por outro.** Segundo Steuart, a expansão da economia moderna coloca um fim na espécie de intervenção anterior, mas então cria uma necessidade especial pela última espécie se a economia seguir uma trajetória razoavelmente uniforme.

A coerência fundamental do pensamento de Steuart é mais

*Esta é a expressão abreviada de Steuart, "significando a legislatura ou poder supremo, de acordo com a forma de governo". *Inquiry*, Vol. I, p. 16. Em geral, no entanto, Steuart usa o termo com o significado de um estrategista iluminado ou a-ser-iluminado interessado apenas no bem público.

**A suposição mais geral de Steuart em todo o seu livro é que os indivíduos são motivados pelo seu interesse próprio, ao passo que "o espírito público (...) devia ser todo-poderoso no estadista". *Inquiry*, Vol. I, pp. 142-143. Ver também pp. 70-71 deste livro.

bem compreendida através da sua metáfora do relógio ao qual ele compara a "economia moderna". Ele a utiliza em duas ocasiões diferentes para ilustrar por sua vez os dois aspectos da intervenção estatal que acabou de ser mencionada. Por um lado, o relógio é tão delicado que é "imediatamente destruído se (...) tocado por qualquer mão que não seja a mais delicada";[23] isso significa que a penalidade para os antiquados *coups d'autorité* arbitrários é tão dura que eles simplesmente terão que cessar. Por outro lado, esses mesmos relógios "estão continuamente enguiçando; algumas vezes a mola é fraca demais, outras vezes forte demais para o mecanismo (...) e torna-se necessária a mão do trabalhador para consertá-la";[24] dessa forma as intervenções bem-intencionadas e delicadas são freqüentemente requeridas.

Não se pode evitar pensar aqui a respeito da metáfora que compara o universo a um relógio constantemente utilizada nos séculos XVII e XVIII.[25] O seu corolário era que Deus estava destinado a mudar profissões ou "reconduzir": do oleiro que Ele tinha sido no Velho Testamento, torna-se agora um mestre relojoeiro, *le Grand Horloger*. A implicação era naturalmente que, como Ele tinha construído o relógio, este funcionaria inteiramente por si mesmo. O relógio de Steuart (= economia) compartilha com o relógio (= universo) a qualidade de ser um mecanismo primorosamente construído no qual não se deveria mexer pela interferência externa arbitrária, mas ao escolher a imagem de um relógio ele consegue transmitir tanto a impossibilidade de um manuseio arbitrário e descuidado quanto a necessidade de providências corretivas por parte do solícito e perito "estadista".

3. JOHN MILLAR

Tanto Montesquieu quanto Steuart acreditavam que a expansão do comércio e da indústria eliminariam as tomadas de decisões autoritárias por parte do soberano. O seu raciocínio é similar, se não idêntico. Montesquieu generaliza a partir de situações nas quais o Estado é em grande parte privado, como resultado da ascensão de novas instituições financeiras específicas, do seu tradicional poder de tomar propriedades e de depreciar a moeda à vontade. Para Steuart, é principalmente a total complexidade e vulnerabilidade da "economia moderna" que torna as decisões e interferências arbitrárias inconcebíveis — ou seja, exorbitantemente dispendiosas e dilaceradoras.

Em ambas as situações, então, o soberano é impedido ou dissuadido de agir de modo tão violento ou imprevisível quanto antes, embora ele ainda possa muito bem desejar fazê-lo. A posição de Montesquieu-Steuart se baseia mais em constranger, inibir e sancionar o príncipe do que em motivá-lo a contribuir diretamente para a prosperidade da nação — um caminho defendido pelos fisiocratas, como será observado brevemente.

O "modelo da coibição" escolhido por Montesquieu e Steuart, principalmente a variante apresentada pelo último, tinha necessidade de uma maior elaboração. Afinal, a coibição pode falhar e o príncipe pode decidir ter o seu impulso ou *grand coup d'autorité* de qualquer maneira. Nesse caso a situação poderia ainda ser salva se houvesse forças na sociedade que se mobilizassem rapidamente para se opor ao príncipe e fazê-lo retirar ou modificar os seus planos. O que era necessário era um *feedback* ou um mecanismo de equilíbrio que restaurasse as condições favoráveis à expansão do comércio e da indústria se elas fossem perturbadas. Poder-se-ia dizer que um tal mecanismo estivesse implícito na ascensão da classe dos comerciantes e da classe média, como foi descrito por muitos autores do século XVIII, de Hume a Adam Smith e Ferguson. Uma descrição explícita das razões históricas pelas quais essas classes chegam não só a exercer uma influência política crescente em geral mas são capazes de *reagir* aos abusos de poder de outros através de uma ação coletiva foi apresentada por John Millar, outro membro proeminente do Iluminismo escocês.

Num ensaio póstumo intitulado "The Advancement of Manufacturers, Commerce, and the Arts; and the Tendency of this Advancement to Diffuse a Spirit of Liberty and Independence" ("O progresso da manufatura, do comércio e das artes; e a tendência deste progresso a difundir um espírito de liberdade e independência") Millar expõe o seu ponto principal da seguinte forma:

> O espírito da liberdade parece, nos países comerciais, depender fundamentalmente de duas circunstâncias: em primeiro lugar, da condição do povo relativa à distribuição da propriedade, e dos meios de subsistência: em segundo lugar, a facilidade com a qual os diversos membros da sociedade são capazes de se associar e agir em harmonia uns com os outros.[26]

De acordo com essa idéia geral, ele primeiramente mostra como os avanços da produtividade na manufatura e na agricultura conduzem esses dois ramos a uma maior "independência pessoal, e a noções mais elevadas de liberdade universal". Também acredita ser provável que esses avanços não sejam acompanhados pelas enormes desigualdades de riqueza que eram características da época anterior, mas por "uma tal gradação de opulência, que não deixe lacunas de cima a baixo na escala".[27]

Tendo convencido a si mesmo dessa maneira de que o avanço do comércio e das manufaturas causa uma difusão geral do espírito de liberdade, Millar assinala mais especificamente como esse avanço aumenta a capacidade de determinados grupos sociais de recorrer à ação coletiva contra a opressão e a má administração. O direito de se rebelar de Locke está aqui sujeito a uma atraente análise sociológica, que vale a pena ser citada por extenso:

(...) quando um conjunto de magistrados, e governantes, são investidos de uma autoridade, confirmada pelo antigo costume, e apoiada, talvez, por uma força armada, não se pode esperar que o povo, individualmente e isolado, seja capaz de resistir à opressão dos seus governantes; e o seu poder de se reunir com esse propósito deve depender em grande parte das suas circunstâncias peculiares (...). Em grandes reinos, estando o povo disperso por um enorme território, ele raramente tem sido capaz de (...) ações vigorosas. Vivendo em pequenas aldeias, numa distância uns dos outros, e tendo meios imperfeitos de comunicação, eles freqüentemente são apenas um pouco afetados pelas privações que muitos dos seus conterrâneos podem sofrer pela tirania do governo; e uma rebelião pode ser debelada numa região antes que tenha tempo de irromper em outra (...).

Com o progresso, no entanto, do comércio e das manufaturas, o estado de um país, nesse respeito, é gradualmente modificado. Como os habitantes se multiplicam com a facilidade de buscar a subsistência, são reunidos em grandes corporações para o exercício conveniente das suas ocupações. As aldeias crescem se transformando em cidades; e estas muitas vezes se avolumam em cidades populosas. Em todos aqueles locais de reunião, surgem grandes grupos de trabalhadores e artífices, que por seguir a mesma ocupação, e através de constantes relações, são capazes, com grande rapidez, de comunicar todos os seus sentimentos e paixões. Entre eles surgem líderes, que dão um tom e uma direção aos seus companheiros. O forte encoraja o fraco; o audaz anima o tímido; o resoluto confirma o hesitante; e os movimentos do povo como um todo prosseguem *com a uniformidade de uma máquina*, e com uma força que é muitas vezes irresistível.

Nessa situação, uma grande parte das pessoas é facilmente despertada por toda insatisfação popular, e pode se unir com mais facilidade na exigência de uma reparação dos dissabores. O menor motivo de queixa, numa cidade, torna-se oportunidade para um tumulto; e as chamas da insubordinação, espalhando-se de uma cidade para outra, explodem numa insurreição geral.

Essa união não surge simplesmente de situações locais; nem está confinada à classe inferior daqueles que são subservientes ao comércio e às manufaturas. *Mediante uma atenção constante nos assuntos profissionais*, as ordens superiores de um povo mercantil tornam-se rápidas em discernir o seu interesse comum, e, a qualquer tempo, infatigável em buscá-lo. Enquanto o fazendeiro, empregado no cultivo separado da sua terra, considera somente o seu lucro individual; enquanto o fidalgo proprietário de terras procura apenas conseguir uma renda suficiente para suprir as suas necessidades, e está muitas vezes indiferente aos seus próprios interesses bem como de todos os outros; o comerciante, embora nunca se descuide do seu lucro particular, está acostumado a vincular o seu próprio ganho àquele dos seus irmãos, e está, por conseguinte, sempre pronto a se reunir com aqueles da mesma profissão, a solicitar a ajuda do governo e a tomar medidas gerais para o benefício do seu comércio.

O predomínio dessa grande associação mercantil na Inglaterra tem, no curso do século atual, se tornado gradualmente cada vez mais evidente. O clamor e os procedimentos turbulentos da população nas grandes cidades *são capazes de penetrar nos mais profundos recessos da administração, de intimidar o ministro mais destemido, e de substituir os mais presunçosos favoritos dos clandestinos. A voz do interesse mercantil nunca falha em exigir a atenção do governo*, e, quando firme e unânime, é até mesmo capaz de controlar e dirigir as deliberações dos conselhos nacionais.[28]

O aspecto mais surpreendente desses parágrafos é o exame positivo que Millar faz da função social dos tumultos e outras ações em massa. Algumas décadas mais tarde o clima tinha mudado totalmente, como atestou o Dr. Andrew Ure em sua obra *Philosophy of Manufacturers* (1835):

> As manufaturas condensam naturalmente uma vasta população dentro de um estreito circuito; propiciam toda a facilidade para uma conspiração secreta (...); transmitem inteligência e energia para a mente comum; fornecem nos seus salários liberais a força pecuniária da contenda.[29]

Em 1835, naturalmente, a classe trabalhadora freqüentemente "contenciosa" tinha passado a existir. Os acontecimentos do século XVIII nos quais Millar baseou a sua visão otimista da ação em massa são provavelmente os tumultos de Wilkes, que abalaram Londres intermitentemente nos anos 1770 e 1780.[30] Como Rudé mostrou, esses tumultos eram caracterizados por aquela mesma aliança dos comerciantes e outros elementos da classe média com a "multidão" que está tão bem transmitida no relato de Millar.[31] No entanto, outros observadores contemporâneos parecem ter ficado bastante alarmados com esses tumultos. Eles fizeram com que David Hume ficasse muito mais conservador e suprimisse, numa nova edição de sua obra *Essays*, uma avaliação bastante otimista dos panfletos pela liberdade onde ele tinha dito, por exemplo, "que o povo não é um monstro tão perigoso como tinha sido representado".[32] O relato de Millar às vezes não é tão tranqüilizador também (exceto para um revolucionário), principalmente quando esboça a possibilidade de uma "insurreição geral"; mas de modo geral a sua ênfase está na "constante atenção nos assuntos profissionais" pelos comerciantes e na sua capacidade superior, em comparação com os fazendeiros largamente dispersos, de se organizar para agir "no interesse do grupo", para arregimentar outros para a sua causa e para obter a reparação de dissabores por parte dos administradores obstinados. Dessa maneira o processo descrito por Millar exibe a "intencionalidade discriminatória" e o "caráter enfocado" que parece ter sido a marca do populacho do século XVIII na Europa Ocidental.[33] Assim como se considerava que o populacho tinha um "papel constitucional" a desempenhar na Inglaterra e até mesmo na América colonial,[34] John Millar os contemplou com um papel altamente racional e beneficente mantendo e defendendo o progresso econômico.

Além do mais, assim como Steuart tinha comparado o funcionamento da "economia moderna" com a "delicadeza de um relógio", os movimentos do "povo mercantil" e de seus aliados são vistos aqui prosseguindo "com a uniformidade de uma máquina". Claramente Millar estava convencido de que tinha descoberto um importante e seguro mecanismo que garantiria que as paixões do príncipe não poderiam prevalecer por muito tempo sobre o interesse público e as necessidades da economia em expansão. Nesse sentido, o seu raciocínio completa aquele de Montesquieu e Steuart.

Visões conexas mas discordantes

A VISÃO de Montesquieu-Steuart sobre as conseqüências políticas da expansão econômica não era de modo nenhum compartilhada universalmente. Na verdade, os mais influentes autores a respeito de assuntos econômicos na França e na Inglaterra, os fisiocratas e Adam Smith, não apenas fracassaram em acrescentar algo à linha específica de raciocínio que tinha sido desenvolvida; como será mostrado, eles — principalmente Adam Smith — contribuíram de várias maneiras para o seu desaparecimento.

Um grande número de idéias e preocupações importantes são compartilhadas pelos dois grupos, mas a ênfase e as conclusões muitas vezes diferem visivelmente. Por exemplo, a idéia da economia como um mecanismo ou máquina intrincadamente construída que funciona independentemente da vontade dos homens foi uma das mais importantes contribuições dos fisiocratas para o pensamento econômico.[35] Durante as suas peregrinações pela Europa, Steuart estivera em contato com vários membros proeminentes daquela escola,[36] e a sua visão da economia moderna como um mecanismo de um relógio pode ter sido influenciada pelo seu modo de pensar. Mas a conclusão que os fisiocratas tiraram da visão que eles tinham não foi para prognosticar, como Steuart, que ninguém ousaria interferir no funcionamento da máquina mas para defender uma ordem política na qual a interferência seria efetivamente impedida.

Da mesma maneira, os fisiocratas e Adam Smith compartilharam com os seus contemporâneos a crença na importância da distinção entre propriedade móvel e propriedade imóvel. Essa distinção tinha primeiramente sugerido a Montesquieu o pensamento de que os governos, lidando com cidadãos que possuem fundamentalmente a propriedade móvel, terão de se comportar de modo completamente diferente daqueles que se deparam com sociedades onde a propriedade imóvel é a principal forma de riqueza mantida individualmente. Em *A riqueza das nações* essa distinção e a capacidade dos detentores do capital de se mudar para outro país são mencionadas várias vezes, e são na verdade reconhecidas como coibições às políticas fiscais extorsivas.[37] Mas Adam Smith não vai mais além. Em seu texto básico, *Philosophie rurale*, Quesnay e Mirabeau também assinalam o caráter indefinível da riqueza nas sociedades comerciais e chegam na verdade muito perto da análise de Montesquieu; mas eles o fazem num espírito muito diferente:

> Todo o patrimônio [das sociedades comerciais] consistia em valores mobiliários dispersos e secretos, alguns armazéns, e dívidas passivas e ativas, cujos verdadeiros proprietários são até certo ponto desconhecidos, já que ninguém sabe quais deles são pagos e quais deles estão devendo. Nenhuma riqueza que seja imaterial ou mantida no bolso de alguém pode jamais ser tomada pelo poder soberano, e conseqüentemente não renderá nada. Essa é uma verdade que deveria ser constantemente repetida para os governos dessas nações agrícolas que se esforçam para se acostumar a se tornar comerciantes, i. e., espoliar a si mesmas. O mercador, comerciante, banqueiro etc. rico, será sempre um membro de uma república. Em qualquer lugar que ele viva, gozará sempre da imunidade que é inerente ao caráter disperso e desconhecido da sua propriedade, tudo o que se pode ver do lugar onde os negócios são realizados. Seria inútil para as autoridades tentar forçá-lo a cumprir as obrigações de um súdito: eles são obrigados, de modo a induzi-lo a se adequar aos seus planos, a tratá-lo como um senhor, e fazer valer a pena contribuir voluntariamente para a receita pública.[38]

Obviamente Quesnay e Mirabeau sentem, antes de mais nada, que as qualidades indefiníveis do comércio e da indústria são mais uma desvantagem do que uma vantagem e acham prudente que um país não encoraje essas atividades.* Em segundo lugar, eles simplesmente supõem que os comerciantes e banqueiros ricos de alguma forma retornarão ao padrão medieval e se organizarão em repúblicas separadas. Assim o problema da organização política

*Os medos e esperanças despertados pela emergência das várias formas de capital *móvel* como um componente fundamental da riqueza total do século XIX oferecem muitos paralelos interessantes com as percepções similarmente contraditórias causadas mais recentemente pela ascensão da empresa multinacional.

nas "sociedades agrícolas" (entre as quais a França estava implicitamente incluída) permanece sem solução.

Finalmente e mais importante, os dois grupos de autores estão igualmente convencidos de que as políticas incompetentes, arbitrárias e antieconômicas dos governantes podem dificultar seriamente o progresso econômico. Algumas das páginas mais eloqüentes de Adam Smith denunciam tais políticas,[39] e a seguinte denúncia por parte de Quesnay pode ser uma listagem útil das principais variedades de *grands coups d'autorité* de Montesquieu:

> (...) o despotismo dos soberanos e de seus subordinados, as deficiências das leis, os excessos desordenados (*dérèglements*) da administração, a incerteza que afeta a propriedade, as guerras, as decisões caóticas em questões fiscais destroem os homens e a riqueza do soberano.[40]

Mas, novamente, nem os fisiocratas nem Adam Smith querem se basear na expansão econômica para conseguir o "desaparecimento" dessa espécie de teimosia por parte dos políticos. Em vez disso, defendem que se lide com esses males diretamente: os fisiocratas saem em defesa de uma nova ordem política que assegure as políticas econômicas adequadas segundo a sua definição, enquanto Adam Smith visa mais modestamente a mudança de políticas específicas. Trataremos das suas respectivas posições sucessivamente.

1. OS FISIOCRATAS

Em relação à questão da organização política, diferenças comparativamente pequenas de abordagem levam Montesquieu e os fisiocratas a tomarem posições completamente opostas. Montesquieu planeja delinear as instituições políticas e econômicas que restringiriam efetivamente os excessos passionais do soberano. Os fisiocratas eram apenas um pouco mais ambiciosos: pretendiam motivá-lo a agir corretamente (isto é, de acordo com a doutrina fisiocrata) por sua livre e espontânea vontade. Em outras palavras, estavam buscando uma ordem política na qual os detentores do poder são impelidos, *por razões de interesse próprio*, a promover o interesse geral. A busca por essa harmonia particular de interesses tinha sido a maneira de Hobbes colocar o problema da melhor forma de governo, e o tinha levado a preferir a monarquia absoluta em vez da democracia e da aristocracia:

> (...) onde o interesse público e o interesse privado [do governante] estão mais intimamente unidos está o público mais adiantado. Agora, na monarquia, o interesse privado é o mesmo que o público. A riqueza, o poder e a honra de um monarca surgem apenas a partir da riqueza, força e reputação dos seus súditos. Pois nenhum rei pode ser rico, nem glorioso, nem seguro; cujos súditos sejam ou pobres, desprezíveis, fracos demais devido à penúria, ou à dissensão, para manter uma guerra contra seus inimigos: enquanto numa democracia, ou aristocracia, a prosperidade pública concede à fortuna privada de quem seja corrupto, ou ambicioso, como faz muitas vezes um conselho pérfido, uma atitude traiçoeira, ou uma guerra civil.[41]

Nos seus escritos políticos, os fisiocratas adotaram o mesmo raciocínio e tiveram apenas sarcasmo em relação à defesa de Montesquieu de uma forma de governo que eles viam como condenada a ser fraca e hesitante. Ao mesmo tempo, formularam no princípio do *laissez-faire* a outra doutrina mais conhecida da harmonia de interesses de acordo com a qual o bem público é resultado da livre procura por todos do seu próprio interesse. Estando localizados na interseção desses dois *Harmonielehren*, os fisiocratas estranhamente defendem tanto a liberdade da interferência governamental no mercado quanto a execução dessa liberdade por um todo-poderoso governante cujo interesse próprio está vinculado ao sistema econômico "justo". Eles se referem à última disposição como "despotismo legal", que opõem ao "despotismo arbitrário", culpado dos malefícios tão bem detalhados por Quesnay.[42]

Indo ainda mais longe do que Hobbes, que se baseava na convergência geral dos interesses entre os Muitos e o Um que governa, alguns dos fisiocratas inventaram disposições constitucionais especificamente designadas para tornar o déspota verdadeiramente "legal". Por um lado, eles elaboraram um sistema de controle judicial que iria tomar cuidado para que as leis promulgadas pelo soberano e seu conselho não fossem contrárias à "ordem natural" que deve estar refletida na constituição fundamental do Estado.[43] Mas uma salvaguarda ainda mais importante era a idéia de que devia ser dado ao soberano um real interesse na prosperidade de sua comunidade. Esse era o objetivo da instituição da co-propriedade que La Mercier de la Rivière propôs em sua *Ordre naturel et essentiel des sociétés politiques* (1767).[44] De acordo com seu plano, o soberano seria co-proprietário, numa proporção estabelecida e imutável, de todos os recursos produtivos e do *produit net*: como resultado, qualquer conflito de interesses entre ele e o país em geral seria inconcebível, e a identidade de interesses hobbesiana seria transparente até para o déspota mais obtuso e perverso.

Foi Linguet, o eterno *enfant terrible* e um crítico tanto de Montesquieu quanto dos fisiocratas, que levou essa forma de raciocínio à sua conclusão final. De modo bastante lógico, ele percebeu que uma disposição de co-propriedade com o monarca não seria absolutamente suficiente como uma garantia da procurada identidade de interesses; assim ele deu um passo além e saiu em defesa da *total* propriedade de toda a riqueza nacional por parte do governante. Com grande coerência ele louva o "despotismo oriental" ou "despotismo asiático" e conclui que o sistema que ele defende

> não favorece de modo algum a tirania, ao contrário do que muitos pensam; impõe sobre os reis obrigações que são muito mais rigorosas do que a chamada dependência na qual alguns gostariam de colocá-los em relação aos seus próprios vassalos. [Esse sistema ideal] não apenas os aconselha a serem justos; força-os a sê-lo.[45]

Essa passagem lembra fortemente a frase de Steuart sobre a "insensatez do despotismo" tornando-se impossível com a "economia moderna". A diferença crucial naturalmente é que os fisiocratas (assim como Linguet) esperavam que o seu sistema ideal de economia política fosse estabelecido por estadistas esclarecidos, como resultado da persuasão dos seus argumentos;[46] ao passo que Sir James Steuart achava que a mudança na direção desejada ocorreria por sua livre e espontânea vontade, como resultado do processo contínuo de expansão econômica.

Não é muito difícil imaginar uma posição que compartilhe esses dois pontos de vista: O marxismo na verdade nos habituou completamente à possibilidade de acreditar ao mesmo tempo que as forças históricas se movem inexoravelmente em direção a um determinado resultado *e* que aqueles que anseiam por aquele resultado fariam melhor em devotar toda a sua energia para colocá-lo em execução. Na verdade todo autor de ciências sociais orientado pela prudência enfrenta o problema da mistura adequada entre predição e prescrição, e está na hora de examinar a posição bastante complexa tomada a esse respeito por Adam Smith.

2. ADAM SMITH E O FIM DE UMA VISÃO

O principal impacto de A *riqueza das nações* era o de estabelecer uma poderosa justificativa *econômica* para a busca desenfreada do interesse próprio individual, enquanto na literatura anterior, examinada aqui, a ênfase estava nos efeitos *políticos* dessa busca. Mas nenhum leitor atento de A *riqueza* se surpreenderá com o fato de que argumentos do último tipo possam também ser encontrados naquele livro versátil. Na verdade Adam Smith apresenta em certo ponto a idéia de que o aumento da riqueza e a diminuição do poder andam de mãos dadas, e ele o faz mais detalhadamente e com mais gosto do que nenhum outro autor tinha feito até aqui. O local é a famosa explicação da erosão do feudalismo no Capítulo 4 do Livro III, intitulada "How the Commerce of Towns Contributed to the Improvement of the Country" ("Como o comércio entre cidades contribui para o aprimoramento do país"). Aqui Smith parte para contar a história de como

> o comércio e as manufaturas introduziram gradualmente a ordem e o bom governo, e com eles, a liberdade e segurança dos indivíduos, entre os habitantes de um país, que anteriormente tinham vivido num permanente estado de guerra com os seus vizinhos, e de dependência servil em relação aos seus superiores.[47]

A história pode ser recontada sucintamente, e para transmitir um certo sabor usarei, tanto quanto possível, as próprias palavras brilhantemente cáusticas de Adam Smith.* Antes do surgimento do comércio e da indústria, os grandes senhores compartilhavam o excedente dos seus estados com grandes quantidades de servidores, que eram totalmente dependentes dos senhores e constituíam um exército particular, bem como com os seus arrendatários, que pagavam aluguéis baixos mas não tinham a garantia da posse. Esse estado de coisas resultou numa situação em que "o rei era (...) incapaz de restringir a violência dos grandes senhores (...). Eles [faziam] a guerra de acordo com a sua própria vontade, qua-

*É um mistério como Schumpeter pôde qualificar a "sabedoria" do Livro III como "árida e insípida". Ver sua *History of Economic Analysis* (Nova York: Oxford University Press, 1954), p. 187.

se continuamente uns contra os outros, e muito freqüentemente contra o rei; e o campo aberto... [era] uma cena de violência, pilhagem, e desordem".[48]

Mas então as coisas mudam como resultado do "funcionamento silencioso e insensível do comércio exterior e das manufaturas". Os senhores agora tinham em que gastar o seu excedente, que anteriormente tinham dividido com os seus servidores e arrendatários: "um par de fivelas de brilhantes, ou (...) algo tão frívolo e inútil", "berloques e quinquilharias, mais apropriados a serem brinquedos de crianças do que as sérias preocupações de um homem", é a maneira desdenhosa pela qual Adam Smith se refere às mercadorias oferecidas pelos cidadãos. Essas mercadorias eram tão atraentes para os senhores que decidiram dispensar os seus servidores e passar a ter relações de longo prazo e geralmente mais sistemáticas com os seus arrendatários. Finalmente, "para a satisfação da mais infantil, a mais desprezível e a mais sórdida de todas as vaidades eles gradualmente barganharam todo o seu poder e autoridade"[49] e "tornaram-se tão insignificantes quanto qualquer burguês ou comerciante abastado numa cidade".[50] E o principal resultado político foi que

> (...) os grandes proprietários não eram mais capazes de interromper a execução regular da justiça, ou de perturbar a paz do país.[51]

Mais uma vez, então, a ascensão do comércio e da indústria contribuiu para um governo mais bem organizado, mas o *modus operandi* é muito diferente daquele invocado por Montesquieu e Steuart. Em primeiro lugar, os últimos estavam preocupados com a autoridade suprema do rei, seus usos e abusos, enquanto Smith se dirigia ao poder exagerado dos senhores feudais. Em segundo lugar, ele via um declínio desse poder, não porque os senhores vieram a descobrir que o seu interesse não estava em não fazer uso dele tão irresponsavelmente quanto antes, mas porque *inconscientemente* abriram mão do seu poder ao tentar tirar vantagem das novas oportunidades para o seu próprio consumo e progresso material proporcionado pelo "progresso das artes". Na verdade, o episódio é mais bem resumido como uma vitória das paixões (da cupidez e da luxúria) sobre os interesses mais amplos dos senhores do que como a dominação das paixões pelos interesses.

A forma do argumento que Adam Smith escolheu torna difícil estendê-lo dos senhores para o soberano. Na *History of England* de Hume, que Smith cita no início da sua própria história, a ascensão da "classe média dos homens" tinha sido descrita em termos bastante similares, ainda que com cores consideravelmente menos vivas; e Hume assinala especificamente que a perda de poder por parte dos senhores beneficiou não somente a classe recém-surgida dos comerciantes e manufatureiros mas também o soberano, e o próprio Adam Smith utilizou um argumento semelhante nas *Lectures*.[52] Com respeito às decisões arbitrárias e políticas nocivas do governo *central*, Smith não demonstra muita esperança de que o próprio desenvolvimento econômico traga melhorias. Em determinado ponto, ao falar sobre "a ambição caprichosa dos reis e ministros", ele diz especificamente:

> A violência e a injustiça dos governantes da humanidade é um mal antigo, para o qual, eu temo, a natureza dos assuntos humanos praticamente não pode admitir um remédio.[53]

E numa polêmica com Quesnay, ele sustenta que um progresso econômico considerável é possível independentemente das melhorias no ambiente político:

> (...) no corpo político, o esforço natural que todo homem está continuamente fazendo para melhorar a sua própria condição,

> é um princípio de preservação capaz de prevenir e corrigir, em muitos aspectos, os maus efeitos de uma economia política, até certo ponto tanto parcial quanto opressiva (...). A sabedoria da natureza fez felizmente amplas provisões para remediar muitos dos maus efeitos da insensatez e da injustiça do homem (...).[54]

Ele se utiliza de termos muito semelhantes em sua "Digression on the Corn Trade":

> O esforço natural de todo indivíduo para melhorar a sua própria condição, quando submetido a se empenhar pela liberdade e segurança, é um princípio tão poderoso, que é por si só, e sem nenhum auxílio, não apenas capaz de levar a sociedade à riqueza e à prosperidade, mas de superar uma centena de obstruções impertinentes com as quais a insensatez das leis humanas muitas vezes dificulta as suas operações.[55]

Smith afirma aqui que a economia pode avançar rapidamente sozinha: dentro de amplos limites de tolerância, o progresso político não é necessário como um pré-requisito para o progresso econômico, nem é provável que seja uma conseqüência dele, pelo menos no nível dos mais altos conselhos do governo.* Nesse modo de ver, muito diferente do *laissez-faire* ou doutrina do Estado mínimo e ainda muito difundida hoje em dia entre os economistas, a política é a província da "insensatez do homem", enquanto o pro-

---

*Nesse ponto, assim como em outro lugar nas próximas páginas, minha interpretação difere vigorosamente daquela apresentada por Joseph Cropsey em seu instigante ensaio *Polity and Economics: An Interpretation of the Principles of Adam Smith* (The Hague: Nijhoff, 1957). Eu simplesmente afirmarei e documentarei o meu ponto de vista em vez de compará-lo inteiramente com o de Cropsey, o qual "de uma forma geral" é que "a posição de Smith pode ser interpretada como significando que o comércio gera liberdade e civilização, e que ao mesmo tempo instituições livres são impensáveis para a preservação do comércio" (p. 95). Uma avaliação crítica recente da interpretação de Cropsey está em Duncan Forbes, "Sceptical Whiggism, Commerce and Liberty" em A. S. Skinner e T. Wilson, org., *Essays on Adam Smith* (Nova York: Oxford University Press, 1976), pp. 194-201.

gresso econômico, assim como o jardim de *Candide*, pode ser cultivado com sucesso contanto que tal insensatez não exceda alguns limites bastante amplos e flexíveis. Parece que Smith defendia menos um Estado com mínimas funções do que um cuja capacidade de insensatez tivesse algum teto.

Adam Smith não compartilhava a perspectiva de Montesquieu-Steuart por uma série de outras e ainda mais importantes razões. Em primeiro lugar, até o ponto em que ele era fortemente sensível a aspectos específicos da "insensatez" governamental que, na sua opinião, tolhiam o progresso econômico (assim como determinadas políticas mercantilistas), estava mais preocupado, como os fisiocratas, em descrever essas políticas como duras realidades que tinham que ser mudadas do que em descobrir motivos de esperança que elas dissolveriam espontaneamente.

Em segundo lugar, Smith não estava nem de longe tão disposto quanto Montesquieu e Steuart a aclamar a nova era de comércio e indústria como a que livraria a humanidade de antigos males, tais como abusos de poder, guerras e assim por diante. A sua famosa ambivalência em relação ao progresso material está de fato bem ilustrada na forma da narração histórica que acaba de ser relatada. Ao mesmo tempo em que obviamente acolhia bem o resultado do processo que descreveu — era, afinal, "a ordem e o bom governo, e com eles, a liberdade e a segurança dos indivíduos" — era extraordinariamente duro em relação à cadeia de eventos e às motivações que produziram esse feliz resultado. A explicação para essa postura ambivalente pode estar, pelo menos em parte, no prazer que ele tinha, aqui como em outro lugar, em descobrir e enfatizar os resultados involuntários da ação humana. Não se pode deixar de achar que nesse caso em particular Smith exagerou no papel da sua Mão Invisível: pois a forma escarninha e até mesmo cruel da descrição que ele dá da "insensatez" dos senhores faz surgir na mente do leitor a questão de como os senhores podem ter sido tão absolutamente insensíveis aos interesses da sua classe.*

A ambivalência de Smith em relação ao capitalismo nascente não estava limitada a esse caso. Talvez a sua mais famosa manifestação seja o seu tratamento relativo à divisão de trabalho, que ele celebra no Livro I, apenas para castigá-la no Livro V. Muito tem sido escrito sobre esse contraste.[56] Aqui é de particular interesse o fato de que Smith vê a perda do espírito marcial e das virtudes como uma das infelizes conseqüências tanto da divisão de trabalho quanto do comércio em geral. Em relação ao primeiro, ele fala em *A riqueza das nações* sobre "o homem cuja vida inteira é gasta em executar algumas operações simples":

> A respeito dos grandes e amplos interesses de seu país, ele é completamente incapaz de julgar; e a não ser que esforços muito particulares tenham sido tomados para torná-lo de outra forma, ele é igualmente incapaz de defender o seu país na guerra. A uniformidade da sua vida estável corrompe naturalmente a coragem da sua mente, e faz com que ele veja com aversão a vida irregular, incerta e arriscada de um soldado.[57]

Em *Lectures* ele tinha demonstrado o mesmo fato em relação ao comércio, aderindo à "clássica" visão republicana de que o comércio leva à luxúria debilitante e à corrupção.

> Outro efeito ruim do comércio é que ele submerge a coragem da humanidade e tende a extinguir o espírito marcial (...). Um homem tem (...) tempo de estudar somente um ramo de negó-

*Tanto Hume, em *History of England* (1762), quanto John Millar, em *The Origins of the Distinctions of Ranks* (1771), também relacionaram a perda de poder dos senhores com causas econômicas mas deram mais importância do que Adam Smith à nova posição da "classe média dos homens" que lidava com uma grande quantidade de fregueses em vez de serem dependentes dos favores de uma única pessoa. Em relação ao ensaio de John Millar, ver William C. Lehmann, *John Millar of Glasgow* (Cambridge: University Press, 1960)` pp. 290-291; em relação a Hume, ver nota 52 da Parte Dois.

> cios, e seria uma grande desvantagem obrigar a todos a aprender a arte militar e a se manter na sua prática. A defesa do país está dessa forma comprometida com um determinado grupo de homens que não tem mais nenhum outro trabalho, e entre a maioria das pessoas a coragem militar diminui. Tendo as suas mentes constantemente ocupadas com as artes da luxúria, tornam-se efeminados e covardes.[58]

No sumário dessa seção, ele repete:

> Essas são as desvantagens do espírito comercial. As mentes dos homens são limitadas, e tornadas incapazes de elevação. A educação é desprezada, ou pelo menos negligenciada, e o espírito heróico é quase totalmente extinto. A correção dessas falhas seria um assunto digno de uma séria atenção.[59]

Essas passagens fornecem uma explicação bastante direta do fracasso de Smith em tirar proveito dos efeitos humanos e políticos da ascensão do comércio e da indústria: ao mesmo tempo em que ele via algumas vantagens nessa ascensão, tais como o efeito positivo sobre a probidade e a pontualidade,[60] via como prejudiciais algumas das mesmas conseqüências do comércio que tinham sido aclamadas por autores como Montesquieu, que ficara impressionado com as desventuras que o "espírito marcial" impõe à era moderna. O *douceur* que era celebrado por Montesquieu e outros significava corrupção e decadência não apenas para Rousseau, mas até certo ponto também para Smith. Uma expressão completa desse ponto de vista pode ser encontrada na obra de seu colega escocês, Adam Ferguson, que mantinha ligações com a "rude" sociedade da Escócia e cujo *Essay on the History of Civil Society* (1767) faz muitas reservas sobre a sociedade "refinada" do comércio em expansão exibida na Inglaterra.[61]

Mas o maior impacto de Adam Smith sobre as idéias sob discussão encontra-se ainda em outro lugar. Ele não apenas não compartilhava, nos vários aspectos que acabam de ser assinalados, a perspectiva de Montesquieu-Steuart sobre a capacidade do capitalismo emergente de melhorar a ordem política através do controle das paixões mais violentas; ele decididamente a suplantou e, em certo sentido, lhe deu o *coup de grâce*. Em sua obra mais importante e de maior prestígio, Smith vê os homens inteiramente impelidos pelo "desejo de melhorar [a sua] condição", e mais adiante especifica que "um aumento da fortuna é o meio pelo qual a maior parte dos homens propõe e deseja melhorar a sua condição".[62] Parece não haver lugar aqui para o conceito mais rico da natureza humana no qual os homens são impulsionados por, e muitas vezes divididos entre, paixões diversas das quais a "avareza" é apenas uma. Smith naturalmente tinha plena consciência dessas outras paixões e tinha na verdade devotado um importante tratado a elas. Mas é precisamente em *A teoria dos sentimentos morais* que ele abre caminho para aniquilar essas outras paixões no impulso pelo "aumento da fortuna". De modo bastante curioso, ele faz isso à guisa de praticar o oposto; pois ele sai do seu caminho para enfatizar os motivos não econômicos e não consumistas que estão atrás da luta pelo progresso econômico. Já que, como ele diz repetidamente, as necessidades corporais do homem são estritamente limitadas,

> (...) é principalmente pela consideração aos sentimentos da humanidade que buscamos a riqueza e evitamos a pobreza. Pois que objetivo tem toda a labuta e azáfama deste mundo? Qual é o fim da avareza e da ambição, da busca da riqueza, do poder e da superioridade? (...) De onde (...) surge a rivalidade que está presente em todas as diferentes classes dos homens e quais são os benefícios que propomos para o grande propósito da vida humana a que chamamos *melhorar a nossa condição*? Ser notado, ser escutado, ser observado com simpatia, complacência e

> apreciação, são todos os benefícios que podemos propor que derivem dele. É a vaidade, não o sossego ou o prazer, que nos interessa.[63]

Mais ou menos como Hobbes e outros autores do século XVII, a ânsia pela honra, dignidade, respeito e reconhecimento é vista aqui como uma preocupação básica do homem. Mas, como veremos em breve, Hobbes tinha mantido essa ânsia separada da "preocupação com as coisas necessárias". Mais explicitamente, Rousseau tinha feito uma fundamental e famosa distinção entre *amour de soi*, que tem como objetivo a satisfação das nossas "verdadeiras necessidades" mediante a aquisição de uma determinada quantidade de bens, e *amour propre*, que está vinculado à aprovação e à admiração de seus concidadãos e que por definição não tem limite.[64] Assim, ele diz: "é fácil ver que todos os esforços são direcionados a dois objetivos apenas, a saber, as conveniências da vida para si, e a consideração por parte dos outros".[65]

Essa classificação de todos os "esforços" humanos, ou seja, impulsos e paixões, em apenas duas categorias já representa uma simplificação em grande escala. Na passagem de *A teoria dos sentimentos morais* que foi citada aqui, Adam Smith dá então o último passo reducionista para transformar dois em um: o impulso pela vantagem econômica não é mais autônomo, mas torna-se um mero veículo para o desejo pela consideração. Da mesma maneira, no entanto, os impulsos não econômicos, poderosos, são todos feitos para alimentar os econômicos e não fazem nada além de reforçá-los, sendo desse modo destituídos de sua existência outrora independente.

Duas conseqüências se seguem. Em primeiro lugar, a solução para o aclamado *Problema de Adam Smith* — ou seja, para o enigma sobre a compatibilidade de *A teoria dos sentimentos morais* com *A riqueza das nações* — pode estar aí. Na primeira obra, ao que parece, Smith lidava com um amplo espectro de sentimentos e paixões humanas, mas também convenceu a si mesmo de que, com relação à "grande horda da humanidade", os principais impulsos humanos acabam por motivar o homem a melhorar o seu bem-estar material. E, de modo bastante lógico, ele prosseguiu então em *A riqueza das nações* investigando em detalhes as condições sob as quais esse objetivo para o qual a ação humana tende a convergir de modo tão notável pode ser atingido. Como efeito dessa ênfase nos resultados não econômicos da ação econômica, tornou-se possível para Smith se concentrar no comportamento econômico de uma maneira que era perfeitamente coerente com o seu interesse anterior em outras dimensões importantes da personalidade humana.

A segunda conclusão é mais importante do ponto de vista da história que está sendo contada aqui. Ao dominar essa ambição, a ânsia pelo poder, e o desejo pelo respeito podem ser todos satisfeitos pelo progresso econômico; Smith enfraquece a idéia de que paixão pode ser lançada contra paixão, ou os interesses contra as paixões. Toda essa cadeia de pensamento torna-se subitamente incompreensível, se não absurda, e há uma volta ao estágio, anterior a Bacon, em que as principais paixões eram consideradas como sendo um bloco sólido, e se alimentando umas às outras. Não é de admirar, então, que o próprio Smith praticamente equipare as paixões aos interesses numa passagem-chave de *A riqueza das nações* onde o *modus operandi* da sociedade comercial é descrito:

> É dessa maneira que os *interesses e paixões* particulares dos indivíduos os dispõem naturalmente a voltar o seu capital na direção de aplicações que em casos comuns são as mais vantajosas para a sociedade. Mas se a partir dessa preferência natural eles desviassem uma parte muito grande dele em direção àquelas aplicações, a queda do lucro nelas e a elevação dele em todas

> as outras imediatamente os dispõe a alterar essa distribuição imperfeita. Sem nenhuma intervenção legal, por conseguinte, *os interesses e paixões particulares* dos homens os levam naturalmente a dividir e distribuir o capital de toda sociedade, entre todas as diferentes aplicações levadas adiante nela, tanto quanto possível na proporção que é mais agradável ao interesse de toda a sociedade.[66]

Os dois termos, "interesses" e "paixões", que tão freqüentemente tinham sido antônimos durante o século e meio que decorreu desde que o duque de Rohan escreveu *On the Interest of Princes and States of Christendom*, aparecem aqui, duas vezes sucessivamente, como sinônimos. Embora fosse forçado ver algo consciente ou intencional em relação a isso, o efeito dessa escolha de linguagem deveria entretanto suprimir o fundamento lógico para a confiança no interesse próprio que estava baseada na oposição dos interesses e das paixões e na capacidade dos primeiros de dominar os últimos. O parágrafo que acaba de ser citado entronizou o próprio fundamento lógico de Smith, isto é, a idéia de que o bem-estar material de "toda a sociedade" é favorecido quando todos podem seguir o seu próprio interesse particular; ao mesmo tempo, a sua utilização de linguagem destruiu de passagem o fundamento lógico da rivalidade.

Uma razão pela qual as paixões vieram a ser utilizadas aqui como sinônimos dos interesses é que Adam Smith estava preocupado, muito mais do que os autores anteriores, com a "grande horda da humanidade", ou seja, com a pessoa comum e o seu comportamento. De acordo com uma antiga tradição, era fundamentalmente a aristocracia que era estimulada por numerosas paixões nobres e ignóbeis que se chocam com os preceitos do dever e da razão ou umas com as outras. Maquiavel, falando a respeito do príncipe, tinha considerado axiomático que "suas próprias paixões (...) são muito maiores do que aquelas do povo".[67] Ou, como Hobbes coloca: "Todos os homens lutam naturalmente pela honra e pela promoção; mas principalmente eles, que se incomodam menos com a preocupação pelas coisas necessárias" e "que de outro modo vivem com conforto, sem temer a necessidade".[68] Precisamente por essa razão, somente membros das aristocracias passadas ou presentes são considerados aptos a aparecerem como figuras-chave em tragédias e outras formas de "elevada" literatura que lidava tipicamente com as paixões e os conflitos que se originavam nelas.[69] Não se cogitava que o mortal comum fosse tão complicado. A sua principal preocupação era com a subsistência e o progresso material, geralmente como fins em si mesmos, e quando muito como meios para a conquista de respeito e admiração. Dessa maneira ou ele não tinha paixões ou as suas paixões podiam ser satisfeitas pela busca dos seus interesses.

Por aquelas várias razões, então, *A riqueza das nações* põe um fim às especulações acerca dos efeitos da motivação pelo interesse no comportamento passional que tinham exercitado as mentes de alguns dos mais ilustres predecessores de Smith. A atenção tanto do debate acadêmico quanto do político veio a se centrar depois de Smith na sua proposição de que o bem-estar geral (material) está melhor servido quando se deixa que cada membro da sociedade busque o seu próprio interesse (material). O sucesso que essa proposição teve em eclipsar o antigo problema pode ser explicado, antes de mais nada, nos termos da história intelectual. Embora Smith fosse cuidadoso em evitar e repudiar a maneira paradoxal pela qual Mandeville tinha apresentado pensamentos similares, a sua proposição ainda mostrou-se crivada de tantos enigmas intelectuais que a classificação e a solução deles ocupou gerações de economistas. Além disso, a proposição e a doutrina que se seguiu satisfizeram outra exigência do paradigma altamente bem-sucedido: ao mesmo tempo em que era uma esplêndida generalização, representava uma *redução* considerável do campo de investigação sobre o qual o pensamento social tinha se estendido livremente até então e assim permitiu a especialização e profissionalização intelectual. Mas o desaparecimento de vista das especulações de Montesquieu-Steuart também deve ser atribuído a fatores históricos mais gerais: dificilmente causa surpresa o fato de que as suas idéias otimistas sobre os efeitos políticos do comércio e da indústria em expansão não sobreviveram à época da Revolução Francesa e das guerras napoleônicas.

PARTE TRÊS

Reflexões sobre um episódio da história intelectual

Onde a visão de Montesquieu-Steuart fracassou

NUMA antiga e conhecida história judaica, o rabino de Cracóvia interrompeu um dia as suas preces com um lamento para anunciar que acabara de ver a morte do rabino de Varsóvia a trezentos quilômetros dali. A congregação de Cracóvia, embora entristecida, ficou naturalmente muito impressionada com os poderes visionários de seu rabino. Alguns dias depois alguns judeus de Cracóvia viajaram para Varsóvia e, para sua surpresa, viram lá o velho rabino oficiar no que parecia ser uma saúde tolerável. Na sua volta eles confiaram as novas aos fiéis e houve risos abafados incipientes. Então alguns discípulos destemidos vieram em defesa de seu rabino; admitindo que ele pudesse ter se enganado em relação a pontos específicos, exclamaram: "Entretanto, que visão!"

Ostensivamente essa história verte o ridículo sobre a capacidade humana de racionalizar a crença em face da evidência contrária. Mas num nível mais profundo defende e celebra o raciocínio visionário e especulativo independente de tal raciocínio estar enganado. É essa interpretação que torna a história tão pertinente ao episódio da história intelectual que foi aqui relatado. As especulações de Montesquieu-Steuart a respeito das conseqüências políticas salutares da expansão econômica eram uma proeza da imaginação no reino da economia política, uma proeza que continua magnífica ainda que a história tenha provado estar errada a essência daquelas especulações.

Provou? O veredicto sobre essa questão não é absolutamente tão fácil de alcançar quanto em relação à pseudomorte do rabino de Varsóvia. O século que se seguiu ao interlúdio napoleônico foi, afinal, comparativamente pacífico e também testemunhou um declínio do "despotismo". Mas, como todos nós sabemos, alguma coisa saiu muitíssimo errada depois disso, e nenhum observador do século XX pode afirmar que a visão esperançosa de Montesquieu-Steuart foi triunfantemente corroborada pelo curso dos acontecimentos. Deve-se observar no entanto que o fracasso da visão pode muito bem não ter sido completo. As forças observadas por Montesquieu e Sir James Steuart podem ter feito valer os seus direitos, apenas para serem superadas, talvez estreitamente, por outros que trabalhavam na direção oposta. Quais, então, eram as forças contrárias?

É provável que uma investigação a respeito dessa questão apresente conexões entre as estruturas econômicas e os acontecimentos políticos que escaparam ao escrutínio dos nossos dois visionários e pioneiros do século XX em economia política. Um determinado número de tais conexões foi de fato logo observado por alguns autores dos séculos XVIII e XIX que continuaram a tradição de pensamento dos pioneiros mas acrescentaram qualificações e dispositivos que, na verdade, levavam a conclusões muito diferentes.

Um breve exame dessa espécie de texto pode começar com Joseph Barnave, o grande orador da Assembléia Constituinte de 1789-91 e autor, pouco antes da sua morte na guilhotina, de um importante ensaio interpretativo da história contemporânea, *Introduction to the French Revolution.* Ao mesmo tempo em que a ênfase da sua obra sobre as classes sociais tenha dado a Barnave alguma fama como um precursor do pensamento marxista, ele se via como um admirador e seguidor de Montesquieu. Num pequeno texto sobre o "Effect of Commerce on Government" ("Efeito do comércio no governo") ele na verdade começa em grande parte como o mestre:

> O comércio faz surgir uma grande classe, disposta à paz externa, tranqüilidade interna, e ligada ao governo oficial.

Mas então vem um pensamento completamente diferente:

> Os princípios morais de uma nação comercial não são inteiramente aqueles dos comerciantes. O comerciante é econômico; a moralidade geral é pródiga. O comerciante mantém os seus princípios morais; a moralidade pública é dissoluta.[1]

Assim como Mandeville e Adam Smith tinham mostrado como os indivíduos em particular, ao buscarem os seus vícios ou simplesmente o seu interesse próprio, podiam contribuir para o bem-estar social, Barnave afirma aqui que aquilo que vale para a parte não é necessariamente verdade em relação ao todo. Mas essa "falácia da composição"* é agora invocada com o objetivo de manter as antigas proposições nas suas cabeças: Barnave afirma que uma agregação das *virtudes* privadas pode resultar num estado que não é nada além de virtuoso. Ele não explica realmente por que isso deveria ser assim e defende o seu paradoxo apenas no caso da situação em particular com a qual ele está lidando. No entanto, ele sugere persuasivamente que, por causa da falácia da composição, os processos sociais são muito menos transparentes e sujeitos à previsão do que foi confiantemente admitido por Montesquieu.

O procedimento de Barnave de primeiramente prestar homenagens ao pensamento dominante a respeito do efeito benéfico do comércio sobre a sociedade e a política e então trazendo qualificações para relacionar-se com o argumento é utilizado de um modo mais devastador por Adam Ferguson e mais tarde por Tocqueville.

---

*De acordo com Paul Samuelson, a falácia da composição é um dos princípios mais básicos e distintos a se ter consciência no estudo da economia. Ver *Economics*, 3ª ed. (Nova York: McGraw-Hill, 1955), p. 9.

Como um membro tanto de um clã escocês quanto de um grupo de pensadores que formavam o Iluminismo escocês, Ferguson era especialmente ambivalente em relação aos progressos que as nações "refinadas" tinham alcançado sobre as "rudes e bárbaras". Assim como Adam Smith, ele observou os efeitos negativos da divisão do trabalho e do comércio sobre a personalidade e os laços sociais do cidadão individualmente; mas ele os enfatiza logo desde o início de *Essay on the History of Civil Society* (1767) e formula as suas críticas num nível mais geral. Durante o processo ele antecipa não apenas o jovem Marx, mas Durkheim e Tönnies quando contrasta a solidariedade característica de tribos estreitamente unidas com o "espírito que reina num estado comercial onde (...) vê-se algumas vezes o homem como um ser destacado e solitário", quando "ele trata os seus semelhantes como faz com o seu gado e solo, por causa dos lucros que trazem", e onde "os vínculos de afeição estão partidos".[2]

Ao mesmo tempo — e isso é particularmente interessante para o desenvolvimento do nosso argumento — Ferguson estava mais disposto que Adam Smith a especular sobre as conseqüências políticas mais amplas da expansão econômica. Ele o faz quase ao final de *Essay*, onde começa de uma maneira falsamente ortodoxa:

> Foi descoberto que, com exceção de alguns casos singulares, as artes comerciais e políticas avançaram em conjunto.

Ele prossegue, ainda muito de acordo com Montesquieu e Sir James Steuart:

> Em algumas nações o espírito do comércio, preocupado em garantir os seus lucros, assumiu a direção da sabedoria política.[3]

Ele também menciona um argumento que receberia uma ênfase considerável em debates posteriores, ou seja, que os cidadãos abastados podiam ser "formidáveis para aqueles que aspiram ao domínio".

Mas imediatamente depois disso ele se alonga, de maneira muito mais minuciosa, sobre as razões pelas quais a preocupação com a riqueza individual pode levar à direção oposta, ao "governo despótico". Entre essas razões existem aquelas que foram durante muito tempo itens padrão na "tradição republicana": a corrupção das repúblicas através da luxúria e da prodigalidade.[4] Mas Ferguson reúne algumas idéias extraordinariamente novas naquela tradição. Por exemplo, entre as razões pelas quais "o fundamento sobre o qual a liberdade foi construída pode servir para apoiar uma tirania", ele lista o *medo de perder a riqueza* e situações nas quais "herdeiros de uma família se encontram passando necessidades e pobres, em meio à afluência". A relativa privação e o *ressentimento* resultantes da mobilidade decadente real ou temida são aqui vistos como intimamente vinculados à sociedade aquisitiva e seus caminhos tumultuosos, e esses sentimentos são considerados como um terreno propício à pronta aceitação daquilo que qualquer governo "forte" prometer para afastar tais perigos reais ou imaginários.[5] Além disso, o comércio cria um desejo de tranqüilidade e eficiência, e isso pode ser outra fonte de despotismo:

> Quando supomos que o governo tenha conferido um grau de tranqüilidade, do qual algumas vezes esperamos colher, como o melhor dos seus frutos, e negócios públicos a passar, nos vários departamentos da legislação e execução, com a menor interrupção possível para o comércio e as artes lucrativas; tal estado (...) é mais parecido com o despotismo do que estamos aptos a imaginar (...).

> A liberdade nunca está correndo um perigo maior do que quando medimos a felicidade nacional (...) pela mera tranqüilidade que pode se aplicar à administração eqüitativa.[6]

Aqui está o outro lado da metáfora de Sir James Steuart da economia como um relógio delicado. A necessidade de mantê-la funcionando — para garantir a tranqüilidade, a regularidade e a eficiência — não é apenas um obstáculo ao capricho principesco. Ferguson percebe corretamente que pode ser invocado como um argumento-chave para o governo autoritário, como na verdade já tinha sido feito pelos fisiocratas e como iria acontecer seguidamente durante os dois séculos seguintes.

Escrevendo sob a Monarquia de Julho, quase setenta anos depois de Ferguson, Tocqueville iria exprimir sentimentos ambivalentes muito similares acerca do significado do progresso econômico para a liberdade. Num capítulo de *Democracy in America* (1835) ele também repete a princípio o pensamento dominante:

> Não sei se é possível citar uma única nação industrial e comercial, dos tírios aos florentinos e aos ingleses, que também não tenha sido livre. Por conseguinte um vínculo estreito e uma necessária relação existem entre essas duas coisas: liberdade e indústria.[7]

Mas embora esse pronunciamento tenha sido muitas vezes citado,[8] Tocqueville, assim como Ferguson antes dele, dedicam muito mais espaço, no resto do capítulo, a situações nas quais a relação oposta prevalece. A sua preocupação é motivada pelo estado da França sob Luís Felipe onde Guizot tinha proclamado "Enrichissez-vous!" como um modelo de conduta para o cidadão e onde Balzac tinha escrito:

> É um erro (...) acreditar que é o rei Luís Felipe que reina e ele não se engana a esse respeito. Ele sabe, tão bem quanto nós, que acima da Constituição está a sagrada, venerável, sólida, afável, graciosa, nobre, jovem e toda-poderosa moeda de cinco francos!"[9]

Essa explosão é na realidade uma paráfrase daquelas coerções sobre o príncipe que Montesquieu e Sir James Steuart descobriram e acharam tão promissoras; a passagem relembra até mesmo o ditado de Rohan, *l'intérêt commande au prince*, uma vez que o sentido que Rohan deu a *intérêt* é convenientemente alterado em concordância com o sentido semântico subseqüente. Mas nem Balzac nem Tocqueville estavam preparados para celebrar um tal estado de coisas.

Ao focalizar os perigos que o progresso material pode ter para a liberdade, Tocqueville toma como ponto de partida uma situação na qual "o gosto pelos prazeres materiais (...) se desenvolve mais rapidamente do que os esclarecimentos e hábitos da liberdade". Sob aquelas condições, com os homens negligenciando os negócios públicos com o objetivo de fazer fortunas particulares, Tocqueville questiona a doutrina já então firmemente estabelecida da harmonia dos interesses particulares e públicos:

> *Essas pessoas pensam que seguem a doutrina do interesse*, mas tem apenas uma tosca idéia do que isso é, e, para cuidar melhor daquilo que eles chamam seus negócios (*leurs affaires*), negligenciam a principal parte, que é permanecer como senhores de si mesmos.

Aqui os interesses estão longe de domar ou sujeitar as paixões dos governantes; pelo contrário, se os cidadãos ficam absorvidos na busca dos seus interesses particulares, será possível para um "homem inteligente e ambicioso tomar o poder". E Tocqueville dirige algumas palavras proféticas e soberbamente cáusticas (escritas anos antes da ascensão de Napoleão III) àqueles que, em benefício de um clima favorável aos negócios, pedem apenas por "lei e ordem":

> Uma nação que exige do seu governante nada além da manutenção da ordem já é uma escrava no fundo do seu coração; é a escrava do seu bem-estar, e o homem que deve escravizá-la pode surgir em cena.[10]

De acordo com Ferguson e Tocqueville, então, a expansão econômica e a preocupação com o progresso econômico individual que a acompanha, ambas causam o avanço das artes políticas e podem também ser responsáveis pela sua deterioração. Esse pensamento foi posteriormente adotado por Marx em sua análise das classes nas revoluções de 1848: de progressista, o papel político da burguesia tornou-se reacionário à medida que esses acontecimentos se desenrolaram. Mas as formulações anteriores são, num certo sentido, mais ricas, pois elas demonstram que a expansão econômica é *básica e simultaneamente* ambivalente nos seus efeitos políticos, ao passo que o pensamento marxista impõe uma seqüência temporal com os efeitos positivos necessariamente antecipando os negativos.

O desconforto de Ferguson e Tocqueville em relação à doutrina de Montesquieu-Steuart pode ser resumido em dois pontos. Em primeiro lugar, como eles mostraram, existe um outro lado para a compreensão de que a economia moderna, sua complexa interdependência e crescimento constituem um mecanismo tão delicado que os *grands coups d'autorité* do governo despótico tornam-se impossíveis. Se é verdade *que a economia deve se submeter*, então existe uma razão não apenas para reprimir as ações imprudentes do príncipe mas para reprimir aquelas do povo, para limitar a participação, em resumo, para esmagar qualquer coisa que pudesse ser interpretada por algum economista mais importante como uma ameaça ao funcionamento adequado do "delicado relógio".

Em segundo lugar, Ferguson e Tocqueville implicitamente criticavam a antiga tradição de pensamento que tinha visto na busca do interesse material uma alternativa bem-vinda para a disputa passional pela glória e pelo poder. Ainda que não recorressem à falácia da composição, eles apresentaram um ponto bastante similar: contanto que *nem todo mundo* esteja jogando o "inocente" jogo do enriquecimento, a total absorção nele da *maioria* dos cidadãos deixa aqueles poucos que arriscam tudo pelo poder mais livres do que antes para buscar a sua ambição. Dessa maneira os ajustes sociais que substituem os interesses pelas paixões como o princípio condutor da ação humana para a multidão podem ter o efeito colateral de acabar com o espírito cívico e assim abrir a porta para a tirania.

Ao observar que a perda da riqueza e o medo de tal perda predispõem as pessoas a favor da tirania, Ferguson chega perto de fazer uma crítica final e particularmente prejudicial da premissa psicológica geral sobre a qual a visão otimista de Montesquieu e outros tinha sido construída — do pensamento, ou seja, que o homem ao buscar os seus interesses materiais se tornará vacinado contra as paixões. Essa idéia que tinha parecido tão óbvia àqueles que observavam as atividades de enriquecimento de uma certa distância e com certo desdém foi articulada, como já vimos, com o pensamento igualmente reconfortante de que as "classes mais baixas", ou a "grande horda da humanidade", têm apenas interesses a satisfazer e têm pouco tempo ou gosto para as paixões.

Como Hobbes colocou, "Todos os homens lutam naturalmente pela honra e pela promoção; mas principalmente aqueles que não precisam tanto se preocupar com as coisas necessárias".[11] E no entanto esse mesmo pensamento pode ter levado a se esperar que as coisas mudassem visivelmente uma vez que o crescimento econômico fosse assegurado. Para Hobbes, a busca das paixões tornava a renda altamente elástica, como diriam os economistas, e desse modo poder-se-ia esperar que os homens comuns se envolvessem mais extensamente com o comportamento passional à medida que subissem na escala de rendimentos. Dessa maneira a expansão econômica, aclamada originalmente porque iria desviar o homem da "luta pela honra e pela promoção", no final geraria mais em vez de menos comportamento passional, de acordo com a própria lógica da proposição de Hobbes. Rousseau compreendeu bem essa dinâmica quando escreveu:

> (...) Com o homem na sociedade, as coisas são muito diferentes: em primeiro lugar deve-se cuidar do que é necessário, depois do supérfluo: depois vêm os prazeres, depois a acumulação das imensas riquezas, depois dos dependentes, depois dos escravos; nunca há um momento de trégua. O que é mais notável é que quanto menos as necessidades são naturais e prementes mais as paixões aumentam e, o que é pior, cresce o poder de satisfazê-las.[12]

Mas a idéia de que os homens em busca de seus interesses seriam eternamente inofensivos foi decisivamente abandonada somente quando a realidade do desenvolvimento capitalista se apresentou. Como o desenvolvimento econômico nos séculos XIX e XX destruiu milhões de pessoas, empobreceu numerosos grupos ao mesmo tempo em que enriquecia alguns, causou um desemprego em larga escala durante as depressões cíclicas e produziu a moderna sociedade de massa, ficou claro para um certo número de observadores que aqueles que foram surpreendidos por essas violentas transformações ocasionalmente se tornariam passionais — passionalmente zangados, apavorados, ressentidos. Não é necessário listar aqui os nomes daqueles cientistas sociais que registraram esses desenvolvimentos e os analisaram sob os termos alienação, *anomie*, *ressentiment*, *Vermassung*, luta de classes, e muitos outros. É precisamente porque estamos sob a influência daquelas análises, e mais ainda sob o impacto dos eventos cataclísmicos que tentamos compreender com a ajuda deles, que a doutrina revista aqui tem um ar de irrealidade a esse respeito e, num conhecimento superficial, parece não merecer ser levada a sério.

Nas seções finais deste ensaio mostrarei por quê, entretanto, a doutrina mereceu ser reconstruída. Como um breve aparte é conveniente observar neste ponto que os argumentos políticos a favor do capitalismo cuja carreira foi delineada aqui não são os únicos a serem apresentados. Um argumento geralmente muito mais familiar afirma que a existência da propriedade privada, e em particular da propriedade privada dos meios de produção, é essencial para fornecer às pessoas uma base material para discordar e uma resistência contra as autoridades da época. Por exemplo, segundo se afirma, o direito de livre expressão pode ser vazio se a pessoa que deseja exercitá-lo tem que depender para a sua própria subsistência das autoridades que ela pode desejar criticar. Este não é o lugar nem de avaliar aquele argumento nem de reconstituí-lo em nenhum detalhe; mas não pode haver dúvida de que soa mais plausível aos nossos ouvidos do que aquele com o qual nós ficamos familiarizados neste ensaio.

O principal apoio para o argumento "moderno" vem da comparação entre países capitalistas e socialistas no que diz respeito às oportunidades de discordância.* Não é de se admirar, então,

*Outra razão para a grande plausibilidade do argumento é que ele é ligeiramente mais modesto: ele vê o capitalismo como uma condição necessária à liberdade política, mas não como suficiente. Ver Milton Friedman, *Capitalism and Freedom* (Chicago: University of Chicago Press, 1962), p. 10.

que o argumento não fosse articulado na época de Montesquieu. No entanto a sua aparição não esperou pelos regimes comunistas do século XX. Ele foi formulado assim que a instituição da propriedade privada ficou sujeita a um ataque sistemático e que outras medidas sociais concebíveis foram exploradas detalhadamente. Assim o moderno argumento político a favor do capitalismo que é hoje associado a autores como Mises, Hayek e Milton Friedman foi originalmente apresentado por ninguém mais que Proudhon. Apesar de um crítico eloqüente da instituição da propriedade privada — ele é, afinal, mais conhecido pelo ditado "Propriedade é roubo" — Proudhon também temia o enorme poder do Estado. E nos seus últimos escritos ele concebeu a idéia de opor a esse poder um poder "absolutista" semelhante — aquele da propriedade privada.[13] Em meados do século XIX, a experiência com o capitalismo tinha sido tal que o argumento acerca dos efeitos benéficos de *le doux commerce* sobre a natureza humana tinha mudado totalmente: foi justamente porque a propriedade era agora vista como uma força selvagem, ilimitada e revolucionária que Proudhon deu a ela o papel de contrabalançar o poder igualmente terrível do Estado. Ele na verdade usa o termo "contrapeso" e desse modo liga a sua tese à tradição intelectual que foi aqui reconstruída, assim como Galbraith faria, ainda que com outro objetivo depois de mais de um século.[14] Mas a essência do pensamento de Proudhon em relação ao caráter da propriedade e do enriquecimento estava a uma enorme distância daqueles que tinham escrito sobre essas questões no século anterior.

A promessa de um mundo governado pelo interesse e a ética protestante

Em comparação com o que devia ser chamado o argumento de Proudhon sobre os méritos políticos do capitalismo, a doutrina de Montesquieu-Steuart parece estranha, ou até extravagante. Mas nisso está grande parte do seu interesse e valor. É precisamente porque ela parece estranha à mente contemporânea que pode lançar alguma luz sobre as circunstâncias ideológicas ainda enigmáticas da ascensão do capitalismo.

Uma maneira óbvia de abordar esse tópico é comparar a descrição do surgimento do enriquecimento como uma ocupação honrada que foi apresentada neste ensaio com a tese de Weber sobre a ética protestante e com o debate em torno dela. Como foi observado repetidamente nas páginas anteriores, a expansão do comércio e da indústria nos séculos XVII e XVIII foi vista aqui como sendo bem-vinda e promovida não por alguns grupos sociais marginais, nem por uma ideologia insurgente, mas por uma corrente de opinião que surgiu exatamente no centro da "estrutura de poder" e da "instituição" da época, a partir dos problemas com os quais o príncipe e principalmente os seus conselheiros e outros notáveis interessados estavam lutando. Desde o final da Idade Média, e principalmente como um resultado da crescente freqüência da guerra e da guerra civil nos séculos XVII e XVIII, a procura era por um equivalente comportamental para o preceito religioso, por novas regras de conduta e expedientes que imporiam disciplina e coerções bastante necessárias tanto em relação aos governantes quanto aos governados, e achava-se que a expansão do comércio e da indústria seria muito promissora nesse aspecto.

Weber e seus seguidores, assim como a maioria dos críticos,

estavam fundamentalmente interessados nos processos psicológicos através dos quais alguns grupos de homens tornavam-se sinceros na busca racional da acumulação capitalista. Minha história presume que alguns homens tornaram-se assim impelidos e focalizam em vez disso a reação ao novo fenômeno por aquilo que é chamado hoje a elite intelectual, diretora e administrativa. Aquela reação era favorável, não porque as atividades de enriquecimento fossem aprovadas em si mesmas, mas porque pensava-se que elas teriam um efeito colateral mais benéfico: mantinham os homens que estavam envolvidos nelas "longe do mal", por assim dizer, e tinham, mais especificamente, a virtude de impor coerções aos caprichos principescos, ao governo arbitrário e às políticas externas arriscadas. Weber afirma que o comportamento e as atividades capitalistas eram o resultado indireto (e originalmente involuntário) de uma desesperada *busca pela salvação individual.* Minha alegação é de que a difusão das formas capitalistas deveu muito a uma busca igualmente desesperada por uma maneira de *evitar a ruína da sociedade*, permanentemente ameaçadora na época por causa das disposições precárias pela ordem interna e externa. Claramente ambas as alegações poderiam ser válidas ao mesmo tempo: uma está relacionada com as motivações das novas elites ambiciosas, a outra com aquelas de vários porteiros. Mas a tese de Weber atraiu tanta atenção que o último tópico foi totalmente esquecido.

Uma nova diferença importante existe entre a tese de Weber e a corrente de idéias que foi repassada aqui. Weber sugeriu que a doutrina da predestinação de Calvino resultava, entre seus seguidores, não em fatalismo, nem numa busca frenética por prazeres terrenos, mas — curiosamente e contra a intuição — numa atividade metódica inspirada pelo propósito e a abnegação. Essa tese era mais do que um magnífico paradoxo; ela decifrou um daqueles notáveis efeitos involuntários da ação humana (ou, nesse caso, pensamentos) cuja descoberta tornou-se o campo peculiar e a mais alta ambição do cientista social Vico, de Mandeville e Adam Smith. Agora eu alego — com base na história que contei aqui — que descobertas do tipo simetricamente oposto são tanto possíveis quanto valiosas. Por um lado, não há dúvida de que as ações humanas e as decisões sociais tendem a ter conseqüências inteiramente involuntárias no início. Mas, por outro lado, essas ações e decisões são muitas vezes tomadas porque *se espera ardente e completamente que elas tenham determinados efeitos que então fracassam totalmente em materializar-se.* O último fenômeno, ao mesmo tempo em que é o reverso estrutural do primeiro, é também provável que seja uma das suas causas; as expectativas ilusórias que são associadas a determinadas decisões sociais na época da sua adoção ajudam a manter os seus *verdadeiros* efeitos futuros longe da vista.

Aqui encontra-se uma das principais razões pela qual o fenômeno torna-se interessante: a expectativa de grandes benefícios, se não irreais, obviamente serve para facilitar certas decisões sociais. A exploração e a descoberta de tais expectativas por conseguinte ajudam a tornar a mudança social mais inteligível.

Curiosamente, os efeitos pretendidos mas não realizados das decisões sociais têm a necessidade de ser descobertos ainda mais do que aqueles efeitos que não são pretendidos mas acabam se apresentando bastante reais: os últimos pelo menos estão *ali*, enquanto os efeitos pretendidos mas não realizados serão descobertos somente nas expectativas expressas dos agentes sociais num determinado, muitas vezes passageiro, momento de tempo. Além disso, uma vez que esses efeitos desejados deixam de acontecer e se recusam a vir ao mundo, o fato de que originalmente se contava com eles será provavelmente não apenas esquecido mas ativamente reprimido. Isso não é apenas uma questão de os agentes originais manterem o seu respeito próprio, mas é essencial se os subseqüentes detentores do poder tiverem que estar convencidos da legitimidade da nova ordem: que ordem social poderia sobreviver mais tempo à consciência dual de que foi adotada com a firme expectativa de que resolveria determinados problemas, e que fracassa claramente e de forma abismal em fazê-lo?

Notas contemporâneas

O PONTO até o qual as idéias que foram discutidas neste ensaio foram apagadas da consciência coletiva pode ser calculado por meio da lembrança de algumas críticas contemporâneas do capitalismo. Numa das mais atraentes e influentes dessas críticas, a ênfase é no aspecto repressivo e alienante do capitalismo, do modo que ele inibe o desenvolvimento da "personalidade humana completa". Do ponto de observação do presente ensaio, essa acusação parece um pouco injusta, pois era precisamente esperado e suposto que o capitalismo reprimisse determinados impulsos e tendências humanas e que moldasse uma personalidade humana menos multifacetada, menos imprevisível e mais "unidimensional". Essa posição, que parece tão estranha hoje em dia, surgiu da extrema angústia em relação aos perigos claros e atuais de um determinado período histórico, da preocupação com as forças destrutivas desencadeadas pelas paixões humanas, com a única exceção, assim parecia à época, da avareza "inócua". *Em suma, supunha-se que o capitalismo realizasse exatamente aquilo que em breve seria denunciado como sendo o seu pior aspecto.*

Pois logo que o capitalismo triunfou e a paixão parecia na verdade estar coibida e talvez até mesma extinta na Europa comparativamente pacífica, tranqüila e eficiente do período posterior ao

Congresso de Viena, o mundo repentinamente pareceu vazio, insignificante e maçante e estava montado o cenário para a crítica romântica da ordem burguesa como inacreditavelmente empobrecida em relação a épocas anteriores — ao novo mundo parecia faltar nobreza, grandeza, mistério e, acima de tudo, paixão. Traços consideráveis dessa crítica nostálgica podem ser encontrados no pensamento social subseqüente que ia da defesa da atração passional de Fourier à teoria da alienação de Marx, e da tese da repressão libidinosa como o preço pelo progresso de Freud ao conceito de *Entzauberung* (desintegração progressiva da visão mágica do mundo) de Weber. Em todas essas críticas explícitas ou implícitas do capitalismo havia pouco reconhecimento de que, para uma época anterior, o mundo da "personalidade humana completa", repleta de paixões diversas, parecia uma ameaça que precisava ser exorcizada o máximo possível.

A espécie oposta de esquecimento também está em evidência: consiste em exibir as idéias idênticas que tinham sido apresentadas num período anterior, sem nenhuma referência ao encontro que já tinham tido com a realidade, um encontro que raramente é plenamente satisfatório. Para abrir um breve parêntese, pode-se observar que a máxima de Santayana, "aqueles que não se lembram do passado estão condenados a repeti-lo", mais provavelmente se coloca em relação à história das idéias do que à história dos acontecimentos. A última, como nós sabemos, nunca repete totalmente a si mesma; mas circunstâncias *vagamente similares* em dois momentos diferentes e talvez distantes podem facilmente dar origem a respostas-reflexivas *idênticas e identicamente imperfeitas* se o episódio intelectual anterior foi esquecido. A razão é naturalmente que o pensamento abstrai de um grande número de circunstâncias que persistem em ser não essenciais mas constituem a singularidade de cada situação histórica.

Essa correção literal e deplorável da máxima de Santayana

enquanto aplicada à história das idéias pode ser aqui ilustrada no nível máximo de pensamento social contemporâneo. Depois da história que foi contada aqui, é quase doloroso ver um Keynes recorrer, na sua defesa caracteristicamente vigorosa do capitalismo, ao argumento idêntico ao que era utilizado por Dr. Johnson e outras figuras do século XVIII:

> As tendências humanas perigosas podem ser canalizadas de modo comparativamente inofensivo pela existência da oportunidade do enriquecimento e da riqueza particular, que, se não podem ser satisfeitas dessa maneira, podem encontrar a sua saída na crueldade, na busca descuidada do poder pessoal e da autoridade e outras formas de autoglorificação. É melhor que um homem tiranize a sua conta bancária do que os seus concidadãos; e enquanto o primeiro é algumas vezes denunciado como sendo nada mais do que um meio para o último, algumas vezes pelo menos é uma alternativa.*

Aqui está a antiga idéia do enriquecimento como um passatempo e um escape inocente para as energias dos homens, como uma instituição que desvia os homens da antagônica competição pelo poder para a um tanto ridícula e desagradável, mas essencialmente inofensiva, acumulação de riqueza.

Outra figura importante que fez uma defesa enérgica, embora indireta, a favor do capitalismo com base nas suas conseqüências políticas benéficas foi Schumpeter. Na sua teoria do imperialismo, Schumpeter afirmou que a ambição territorial, o desejo de expan-

**The General Theory of Employment, Interest and Money* (Londres: Macmillan, 1936), p. 374. No que monta a uma caricatura dessa visão, Hayek argumentou em defesa da instituição da herança alegando que legar riqueza é uma maneira socialmente menos prejudicial de conferir benefícios não imerecidos a um filho do que buscar ativamente posições elevadas para ele durante a vida. O fato de que uma de modo algum exclui a outra é particularmente óbvio nesse caso. Ver F. A. Hayek, *The Constitution of Liberty* (Chicago: University of Chicago Press, 1960), p. 91.

são colonial e o espírito bélico em geral não eram a conseqüência inevitável do sistema capitalista, como os marxistas desejam. Em vez disso, eles resultam de mentalidades residuais e pré-capitalistas que infelizmente estavam fortemente enraizadas entre os grupos governantes dos principais poderes europeus. Para Schumpeter, o próprio capitalismo não poderia contribuir para a conquista e a guerra: seu espírito era racional, calculista, e dessa forma contrário a correr riscos na proporção implícita em guerras e em outras excentricidades. Com o interesse que tinham como um contraponto às várias teorias marxistas do imperialismo, as idéias de Schumpeter revelavam menos consciência da dificuldade do problema com o qual ele lidava do que aquelas de Adam Ferguson e Tocqueville que acabamos de relembrar. Para retornar ainda mais: o cardeal de Retz, com a sua insistência em que as paixões não devem ser levadas em consideração em situações em que o comportamento motivado pelo interesse é considerado como uma regra, parece ter tido a melhor parte do argumento do que Keynes ou Schumpeter.

Concluo que tanto os críticos quanto os defensores do capitalismo poderiam aperfeiçoar os seus argumentos pelo conhecimento do episódio da história intelectual que foi contado aqui. Isso é provavelmente tudo que se pode querer da história, e da história das idéias em particular: não resolver problemas, mas elevar o nível do debate.

NOTAS

PARTE UM

1. *The Protestant Ethic and the Spirit of Capitalism*, trad. Talcott Parsons (Nova York: Scribner's, 1958), p. 74.
2. Ver Werner Sombart, *Der Bourgeois* (Munique: Duncker and Humblot, 1913); Joseph A. Schumpeter, *History of Economic Analysis* (Nova York: Oxford University Press, 1954), p. 91; e Raymond de Roover, "The Scholastic Attitude Toward Trade and Entrepreneurship", agora reeditada em de Roover, *Business, Banking and Economic Thought*, org. Julius Kirshner (Chicago: University of Chicago Press, 1974); ver também o ensaio introdutório por Kirshner, pp. 16-18.
3. Ver Herbert A. Deane, *The Political and Social Ideas of St. Augustine* (Nova York: Columbia University Press, 1963), pp. 44-56.
4. *Ibid*, pp. 52 e 268.
5. *Esprit des lois*, Livro III, Capítulo VII. Todas as traduções são minhas, exceto por observações em contrário.
6. O conflito dessas duas tradições intelectuais está documentado em Maria Rosa Lida de Malkiel, *La idea de la fama en la Edad Media Castellana* (México: Fondo de Cultura Económica, 1952). Ver também a tradução francesa dessa obra, que tem o título mais apropriado de *L'Idée de la gloire dans la tradition occidentale* (Paris: Klincksieck, 1968).
7. *Ibid*, Capítulos 1 e 2. A continuidade da ética cavalheiresca medieval com o ideal aristocrático da Renascença é também enfatizada por Paul Bénichou, *Morales du grand siècle* (Paris: Gallimard, Collection Idées, 1948), pp. 20-23 e, numa polêmica com Burckhardt, por Johan Huizinga, *The Waning of the Middle Ages* (Nova York: Doubleday, 1945), pp. 40 e 69ss.
8. Bénichou, *ibid.*, pp. 15-79. Em relação à tese de que os heróis de Corneille e seus projetos todos acabam como fracassos, ver Serge Doubrovsky, *Corneille et la dialetique du héros* (Paris: Gallimard, 1963).
9. Essa é a vigorosa frase de Bénichou em *Morales*, pp. 155-180.
10. Ver a demonstração convincente, numa polêmica com C. B. Macpherson, de Keith Thomas em "Social Origins of Hobbes's Political Thought" em K. C. Brown, org., *Hobbes Studies* (Oxford: Blackwell, 1965).

11. Bénichou, *Morales*, pp. 262-267, 285-299.
12. *The Prince*, Capítulo XV.
13. Ver a introdução de Richard S. Peters para *Body, Man, Citizen: Selections from Thomas Hobbes*, org. Peters (Nova York: Collier, 1962).
14. Parte III, Introdução.
15. Par. 131-132, em Giambattista Vico, *Opere*, org. Fausto Nicolini (Milão: Ricciardi, 1953).
16. Ver Deane, *Political and Social Ideas of St. Augustine*, Capítulo IV, e o relato de Michael Walzer sobre o pensamento político de Calvino sob o título "The State as an Order of Repression" em *The Revolution of the Saints* (Cambridge, Mass.: Harvard University Press), pp. 30-48.
17. *Scienza nuova*, par. 132-133; ver também 130 e 135.
18. *Works*, org. J. Spedding et al. (Londres, 1859), Vol. III, p. 418.
19. *Ibid.*, p. 438. Ênfase minha.
20. Leo Strauss, *The Political Philosophy of Hobbes* (Oxford: Clarendon Press, 1936), p. 92; e Rachael M. Kydd, *Reason and Conduct in Hume's Treatise* (Nova York: Russell & Russell, 1946), p. 116.
21. Parte IV, Prop. 7. Tradução de W. H. White revisada por A. H. Stirling (Londres: Oxford University Press, 1927).
22. Parte IV, Prop. 14.
23. Parte V, Prop. 42.
24. Kydd, *Hume's Treatise*, pp. viii, 38, 156-162.
25. *Treatise*, Livro II, Parte III, Seção III.
26. *Ibid.*, Livro III, Parte II, Seção II.
27. "Of Refinement in the Arts" em David Hume, *Writings on Economics*, org. E. Rotwein (Madison, Wis.: University of Wisconsin Press, 1970), pp. 31-32.
28. *Essays Moral, Political, and Literary*, org. T. H. Green e T. H. Grose (Londres: Longmans, 1898), Vol. I, pp. 226-227.
29. Franco Venturi, *Utopia e riforma nell'Illuminismo* (Torino: Einaudi, 1970), p. 99. Aqui Venturi delineia a notável carreira do autor desse artigo, Alexandre Deleyre.
30. *Oeuvres complètes* (Paris: Hachette, 1968), Vol. I, p. 239.
31. *Système de la nature* (Hildesheim: Georg Olms, 1966, reprodução da edição de 1821 em Paris), pp. 424-425.
32. D. W. Smith, *Helvétius*, pp. 133-135.
33. *De l'esprit* (Paris, 1758), pp. 159-160. Ênfase minha.
34. Em relação a esse tópico, ver Arthur O. Lovejoy, *Reflections on Human Nature* (The Johns Hopkins Press, 1961), Palestra II: "The Theory of Human Nature in the American Constitution and the Method of Counterpoise"; Richard

Hofstadter, *The American Political Tradition and the Men Who Made It* (Nova York: Alfred A. Knopf, 1948), Capítulo I: "The Founding Fathers: An Age of Realism"; e Martin Diamond, "The American Idea of Man: The View from the Founding" em Irving Kristol e Paul Weaver, orgs., *The Americans 1976* (Lexington, Mass.: D. C. Health, 1976), Vol. II, pp. 1-23.

35. *Leviathan*, Capítulo 13.
36. Friedrich Meinecke, *Die Idee der Staatsräson in der neueren Geschichte* (Munique: R. Oldenbourg, 1924), pp. 85ss.
37. *Ibid.*, p. 184.
38. *Ibid.*, pp. 52-55.
39. *Ibid.*, p. 211.
40. *Analogy of Religion* in *Works* (Oxford: Clarendon Press, 1896), Vol. I, pp. 97-98.
41. *Characteristicks of Men, Manners, Opinions, Times*, reimpresso na ed. de 1711 (Indianapolis: Bobbs-Merrill, 1964), pp. 332 e 336 (itálico no texto).
42. *Treatise*, Livro III, Parte II, Seção II.
43. La Rochefoucauld, *Oeuvres* (Paris: Hachette, 1923), Vol. I, p. 30.
44. Jean de Silhon, *De la certitude des connaissances humaines* (Paris, 1661), pp. 104-105.
45. *Wealth of Nations*, org. E. Cannan (Nova York: Modern Library, 1937), p. 325.
46. Carta de 9 de abril de 1513, em *Opere* (Milão: Ricciardi, 1963), p. 1100.
47. Um exame da literatura francesa do século XVII está em F. E. Sutcliffe, *Guez de Balzac et son temps—littérature et politique* (Paris: Nizet, 1959), pp. 120-131. Em relação à mudança de classificação da avareza entre os pecados mortais na Idade Média, ver Morton Bloomfield, *The Seven Deadly Sins* (East Lansing, Mich.: Michigan State College Press, 1954), p. 95.
48. Gunn, "Interest", p. 559, nota 37.
49. *De l'esprit*, p. 53.
50. *Politique tirée des propres paroles de l'Ecriture Sainte*, org. J. LeBrun (Genebra: Droz, 1962), p. 24, e A. J. Krailsheimer, *Studies in Self-Interest from Descartes to La Bruyère* (Oxford: Clarendon Press, 1962), p. 184.
51. *Tractatus theologico-politicus*, Capítulo V, em Spinoza, *The Political Works*, org. A. G. Wernham (Oxford: Clarendon Press, 1958), p. 93.
52. O marquês de Halifax como citado em Raab, *The English Face of Machiavelli*, p. 247.
53. *Les Caractères* (Paris: Garnier, 1932), p. 133.
54. Shaftesbury, *Characteristicks*, p. 76, citado em Jacob Viner, *The Role of Providence in the Social Order* (Filadélfia: American Philosophical Society, 1972), p. 70.

55. *Analogy*, p. 121, nota.
56. Citado de um catecismo de 1649 em R. Koebner, "Despot and Despotism: Vissicitudes of a Political Term", *Journal of the Warburg and Courtauld Institutes 14* (1951), p. 293.
57. *History of England* (Londres, 1782), VI, p. 127: citado em Giuseppe Giarrizzo, *David Hume politico e storico* (Turim: Einaudi, 1962), p. 209.
58. Felix Gilbert, *Machiavelli and Guicciardini* (Princeton, N. J.: Princeton University Press, 1965), p. 157.
59. Gunn, "Interest", p. 557.
60. Gunn, *Politics*, p. 160.
61. *Inquiry into the Principles of Political Oeconomy* (1767), org. A. S. Skinner (Chicago: University of Chicago Press, 1966), Vol. I, pp. 143-144.
62. Charles Herle, *Wisdomes Tripos* (...) (Londres, 1655), citado em Gunn, "Interest", p. 557.
63. *Characters and Passages from Notebooks*, org. A. R. Waller (Cambridge: University Press, 1908), p. 394; ver também Gunn, "Interest", pp. 558-559.
64. Gunn, *Politics*, Cap. IV.
65. *Ethics*, Parte IV, Prop. 33.
66. Ver Leonard Krieger, *The Politics of Discretion: Pufendorf and the Acceptance of Natural Law* (Chicago: Chicago University Press, 1965), p. 119.
67. Peter Laslett, "Introduction", em John Locke, *Two Treatises of Government*, org. Laslett (Cambridge: University Press, 2ª. ed., 1967), p. 74.
68. *Two Treatises*, II, par. 127.
69. *Ibid.*, par. 22.
70. *Essays*, Vol. I, p. 160.
71. Capítulo 39.
72. *Esprit des lois*, Vol. XX, p. 4.
73. *Philosophie des Geldes* (Leipzig: Duncker and Humblot, 1900), p. 232.
74. *Boswell's Life of Johnson* (Nova York: Oxford University Press, 1933), Vol. I, p. 567. A data é 27 de março de 1775.
75. *Réflexions et maximes* em *Oeuvres* (Paris: Cité des livres, 1929), Vol. II, p. 151.
76. Salvador de Madariaga, *The Fall of the Spanish-American Empire* (Londres: Hollis and Carter, 1947), p. 7. Ênfase minha.
77. Citado em François de Forbonnais, *Recherches et considérations sur les finances de France, depuis l'année 1595 jusqu'à l'année 1721* (Basle, 1758), Vol. I, p. 436.
78. Jacques Savary, *Le parfait négociant, ou Instruction générale de tout ce qui regarde le commerce* (Paris, 1675), 1713 ed., p. 1 (itálico no original).

79. Viner, *Providence*, pp. 36ss.
80. *Esprit des lois*, XX, 1.
81. *Règlement intérieur du Collège Louis-le-Grand* (1769), p. 36. Esse documento foi o Objeto Nº. 163 na Exibição da Vida Diária em Paris no Século XVIII. Archives nationales, Paris, verão de 1974.
82. *Characteristicks*, p. 336.
83. *A System of Moral Philosophy*, fac-símile de 1755 ed. em *Works* (Hildesheim: Georg Olms, 1969), Vol. V, p. 12.
84. *Treatise*, Livro II, Parte III, Seção IV.
85. *Wealth of Nations*, p. 324. Ênfase minha.
86. *Writings on Economics*, p. 53.

PARTE DOIS

1. V, 7.
2. XXI, 20.
3. XXII, 14.
4. XX, 23.
5. Capítulo VI, par. 12; ver Spinoza, *The Political Works*, p. 321.
6. Capítulo VII, par. 8; *ibid.*, pp. 341-343.
7. Cf. Alexandre Matheron, *Individu et communauté chez Spinoza* (Paris: Minuit, 1969), pp. 176-178.
8. *Oeuvres complètes* (Paris: Pléiade, NRF, 1949), Vol. I, p. 112.
9. *Esprit de lois*, XI, 4.
10. *Ibid.*
11. Introdução em Coleman, org., *Revisions in Mercantilism*, pp. 15-16.
12. *Essai politique sur le commerce* (1734) em E. Daire, *Economistes françaises du 17e siècle* (Paris, 1843), p. 733.
13. XX, 2.
14. *Ibid.*
15. *Essai politique*, p. 733. Um argumento extensivo de que há uma grande quantidade de glória no comércio é colocado em Abbé Gabriel François Coyer, *La noblesse commerçante* (Londres, 1756), e em Louis de Sacy, *Traité de la gloire* (Paris, 1715), pp. 99-100.
16. Ver Ronald L. Meek, *Economics and Ideology and Other Essays* (Londres: Chapman and Hall, 1967), principalmente o seu ensaio de 1954 "The Scottish Contribution to Marxist Sociology", pp. 34-50.
17. *Inquiry*, Vol. I, p. 181 (itálico meu).
18. *Ibid.*, p. 213.

19. Ver Paul Chamley, *Economie politique et philosophie chez Steuart et Hegel* (Paris: Dalloz, 1963), e *Documents relatifs à Sir James Steuart* (Paris: Dalloz, 1965), pp. 89-92 e 143-147.
20. *Inquiry*, Vol. I, pp. 215-217.
21. *Ibid.*, pp. 278-279.
22. Ver Capítulo 9, "Steuart's Economics of Control", em S. R. Sen, *The Economics of Sir James Steuart* (Londres: B. Bell and Sons, 1957), R. L. Meek, "The Economics of Control Prefigured", *Science and Society*, outono de 1958.
23. *Inquiry*, Vol. I, p. 278.
24. *Ibid.*, p. 217.
25. Popularizado por Leibniz e Voltaire, a sua utilização é remontada a Nicolas Oresmus (morto em 1382) em Lynn White, *Medieval Technology and Social Change* (Oxford: Clarendon Press, 1963), p. 125; ver também Carlo M. Cipolla, *Clocks and Culture, 1300-1700* (Londres: Collins, 1967), pp. 105, 165.
26. William C. Lehmann, *John Millar of Glasgow, 1735-1801* (Cambridge: University Press, 1960), pp. 330-331. As principais obras de Millar estão reimpressas nas Partes III e IV deste livro.
27. *Ibid.*, p. 336.
28. *Ibid.*, pp. 337-339 (itálico meu).
29. Citado em E. P. Thompson, *The Making of the English Working Class* (Nova York: Vintage Books, 1963), p. 361.
30. Como o ensaio de Millar foi encontrado após a sua morte em 1801, é difícil estabelecer a sua data.
31. George Rudé, *Wilkes and Liberty: A Social Study of 1763 to 1774* (Oxford: Clarendon Press, 1962), pp. 179-184. Ver também Frank Ackerman, "Riots, Populism, and Non-Industrial Labor: A Comparative Study of the Political Economy of the Urban Crowd" (tese de Ph.D. não publicada, Harvard University, Departamento de Economia, 1974), Capítulo 2.
32. A passagem suprimida é reproduzida como uma nota de rodapé em *Essays*, Vol. I, p. 97. O episódio é discutido em Giarrizzo, *David Hume*, p. 82.
33. Pauline Maier, "Popular Uprisings and Civil Authority in Eighteenth-Century America", *William and Mary Quarterly* 27 (jan. 1970), p. 18; ver também Dirk Hoerder, "People and Mobs: Crowd Action in Massachusetts during the American Revolution" (dissertação não publicada, Freie Universität, Berlim, 1971), pp. 129-137.
34. Maier, *ibid.*, p. 27.
35. Ver Ronald L. Meek, *The Economics of Physiocracy* (Cambridge, Mass.: Harvard University Press, 1963).
36. Ver a Introdução de A. S. Skinner para a *Inquiry* de Steuart, Vol. I, p. xxxvii, e Chamley, *Documents*, pp. 71-74.

37. *Wealth of Nations*, pp. 800, 880.
38. De "Extract from 'Rural Philosophy'" incluído em Meek, *Physiocracy*, p. 63.
39. Jacob Viner, "Adam Smith and Laissez Faire", *Journal of Political Economy* 35 (abril de 1927), pp. 198-232.
40. Artigo "Hommes" (1757) em *François Quesnay et la Physiocratie* (I.N.E.D., 1958), Vol. II, p. 570.
41. *Leviathan*, Capítulo 19.
42. A terminologia é atribuível a Le Mercier de la Rivière.
43. Em relação a esse aspecto do pensamento fisiocrático, ver Mario Einaudi, *The Physiocratic Doctrine of Judicial Control* (Cambridge, Mass.: Harvard University Press, 1938).
44. Org. E. Depître (Paris, 1910), Capítulos 19 e 44; ver também Georges Weulersse, *Le Mouvement physiocratique en France, 1756-1770* (Paris: Alcan, 1910), Vol. II, pp. 44-61.
45. *Théories des lois civiles* (Londres, 1774), Vol. I, pp. 118-119 (*Oeuvres*, III).
46. A sua influência considerável sobre a política pública e sobre o clima de opinião é traçada em Weulersse, *Le Mouvement physiocratique*, Vol. II, Livro 4.
47. Modern Library, org., p. 385.
48. *Ibid.*, p. 388.
49. *Ibid.*, p. 387.
50. *Ibid.*, p. 391.
51. *Ibid.*, p. 390.
52. David Hume, *The History of England* (Oxford, 1826), Vol. V, p. 430 (Apêndice III "Manners"), e Adam Smith, *Lectures on Justice, Police, Revenue and Arms*, org. E. Cannan (Oxford: Clarendon Press, 1896), pp. 42-43.
53. *Wealth of Nations*, p. 460.
54. *Ibid.*, p. 638.
55. *Ibid.*, p. 508.
56. Alguns comentários recentes estão em Nathan Rosenberg, "Adam Smith on the Division of Labor: Two Views or One?", *Economica 32* (maio de 1965), pp. 127-139, e Robert L. Heilbroner, "The Paradox of Progress: Decline and Decay in *The Wealth of Nations*", *Journal of the History of Ideas* 34 (abril-junho 1973), pp. 242-262.
57. *Wealth of Nations*, p. 735.
58. *Lectures*, p. 257.
59. *Ibid.*, p. 259.
60. *Ibid.*, pp. 253-255.
61. Para uma história completa e análise dessa corrente republicana de pensamento político de Maquiavel ao século XVIII na Inglaterra e na América, ver Pocock, *Machiavellian Moment*.

62. *Wealth of Nations*, p. 324.
63. *The Theory of Moral Sentiments*, 9ª. ed. (Londres, 1801), Vol. I, pp. 98-99 (itálico meu). Essa e um grande número de passagens similares e complementares são citadas num interessante artigo por Nathan Rosenberg, "Adam Smith, Consumer Tastes, and Economic Growth", *Journal of Political Economy* 7 (maio-junho 1968), pp. 361-374. Como Lovejoy assinalou, essa linha de pensamento é uma surpreendente antecipação da idéia de "consumo conspícuo", que é um dos pontos principais da *Theory of the Leisure Class* de Veblen. Ver Lovejoy, *Reflections*, pp. 208-215.
64. Ver *Emile*, Parte IV, e *Discours sur l'origine et les fondements de l'inégalité parmi les hommes*, nota o.
65. Citado em Lovejoy, *Reflections*, p. 146.
66. *Wealth of Nations*, pp. 594-595 (itálico meu).
67. *Discourses*, Livro I, Capítulo LXVIII.
68. *English Works*, Vol. II, p. 160, citado em Keith Thomas, "The Social Origins of Hobbes's Political Thought", em Brown, org., *Hobbes Studies*, p. 191.
69. Ver Erich Auerbach, *Mimesis: The Representation of Reality in Western Literature* (Princeton, N. J.: Princeton University Press, 1953), pp. 139-141 e *passim*.

PARTE TRÊS

1. Citado em Emmanuel Chill, org., *Power, Property and History: Joseph Barnave's Introduction to the French Revolution and Other Writings* (Nova York: Harper, 1971) , p. 142.
2. *Essay on the History of Civil Society*, org., com uma introdução, por Duncan Forbes (Edinburgh: University Press, 1966), p. 19.
3. Ibid., p. 261.
4. Ver Pocock, *Machiavellian Moment*, para um tratamento abrangente, de Maquiavel a Hamilton.
5. *Essay*, p. 262.
6. *Essay*, pp. 268-269 (ênfase minha).
7. Vol. 2, Parte 2, Capítulo 14.
8. John U. Nef utilizou como uma epígrafe para o seu famoso ensaio de duas partes, "Industrial Europe at the Time of the Reformation", *Journal of Political Economy* 49 (fev.-abril 1941), p. 1.
9. Citado (em inglês) em Harry Levin, *The Gates of Horn* (Nova York: Oxford University Press, 1963), pp. 152-153, de *La Cousine Bette* (Paris: Conard, 1914), p. 342.

10. Vol. 2, Parte 2, Capítulo 14.
11. *English Works*, Vol. II, p. 160, citado em Keith Thomas, "The Social Origins of Hobbes's Political Thought", em Brown, org., *Hobbes Studies*, p. 191.
12. *Discours sur l'origine et les fondements de l'inégalité parmi les hommes*, nota i.
13. Essa idéia é desenvolvida minuciosamente na *Théorie de la proprieté* póstuma de Proudhon, em *Oeuvres complètes* (Paris, 1866), Vol. 27, pp. 37, 134-138, 189-212.
14. John Kenneth Galbraith, *American Capitalism: The Concept of Countervailing Power* (Boston: Houghton Mifflin, 1952).
15. "The Sociology of Imperialisms" (1917), em *Imperialism and Social Classes* (Nova York: Kelley, 1951).

ÍNDICE

Este livro foi composto na tipologia Goudy Old Style em corpo 11/15 e impresso em papel Chamois fine 80g/m² no Sistema Cameron da Divisão Gráfica da Distribuidora Record.